JÜRGEN BLÜMLE

SINNLICHE WANDERUNGEN IN UND UM STUTTGART

Auf den Spuren alter Bäume

belser

JÜRGEN BLÜMLE
Mit Geist & Füßen
SINNLICHE WANDERUNGEN IN UND UM STUTTGART
Auf den Spuren alter Bäume
belser

BILD- UND KARTENNACHWEIS

Alle Fotografien stammen vom Autor Jürgen Blümle

Kartenbearbeitung Tourenkarten: KOSMOS Kartografie, Annette Wrobel

IMPRESSUM

Bibliografische Informationen der Deutschen Nationalbibliothek. Die Deutsche Nationalbibliothek verzeichnet diese Publikation in der Deutschen Nationalbibliografie; detaillierte bibliografische Daten sind im Internet über http://www.dnb.ddb.de abrufbar.

Projektleitung und Redaktion: Dirk Zimmermann
Korrektorat: Sabine Besenfelder
Gestaltung: Johanna Urban
Printed in Italy by Printer Trento S.r.l.

FSC www.fsc.org
MIX
Papier aus verantwortungsvollen Quellen
FSC® C015829

ISBN 978-3-7630-2839-9

WIR BRAUCHEN BÄUME!

Ohne Bäume sähe die Welt anders aus. Was wie eine Binsenweisheit klingt, ist bei näherem Betrachten tatsächlich eine höchst spannende Erkenntnis. Letztendlich würde es auch uns Menschen nicht geben.
Es ist bemerkenswert, wie viel über die Bedeutung unserer Großstadtparks geschrieben und berichtet wird, und wie wenig gleichzeitig der einzelne Baum hier zu Wort kommt. Immer wieder werden – unbestritten richtig – die zentralen Funktionen, die vor allem die alten und großen Stadtbäume hinsichtlich unseres Klimas erfüllen, eher pauschal ins öffentliche Bewusstsein gerückt.
Wie groß der Wert dessen ist, was Bäume tatsächlich leisten, zeigte sich beispielsweise im April 2010 in Stuttgart: Alle Landschaftsgärtner des Stadtgebiets – und sogar darüber hinaus – weigerten sich laut einer Presseerklärung, im Rahmen des Bauprojekts Stuttgart 21 im Mittleren Schlossgarten Baumfällungen vorzunehmen. Als Begründung gaben sie an, dass ein ausgewachsener Parkbaum nicht nur viel Sauerstoff produziert, CO_2 absorbiert und jede Menge Feinstaub filtert, sondern darüber hinaus auch durch Verdunstung von Wasser das Stadtklima reguliert, als Sicht-, Lärm- und Windschutz dient, mit seinen Wurzeln der Bodenerosion entgegenwirkt und Lebensraum für zahlreiche Tierarten bereitstellt. Neben diesen vielfältigen Leistungen tragen Bäume zu einem attraktiveren Stadtbild bei und bereiten den Stadtbewohnern allein durch ihre Erscheinung ein positiveres Lebensgefühl, bringen sie doch ein Stück Natur in die von Beton, Glas und Stein geprägten urbanen Zentren.
Grund genug also, den ältesten und wertvollsten Bäumen Stuttgarts im Rahmen einiger Baumwanderungen einen Besuch abzustatten und sie dabei etwas näher kennenzulernen.

Viel Vergnügen wünscht Ihnen dabei
Ihr Jürgen Blümle

5

GLEMSWALD I

PFAFFENSEE UND BÄRENSCHLÖSSLE

Im Quellgebiet des Flüsschens Glems ist ein Waldgebiet erhalten geblieben,das landesweit seinesgleichen sucht: Nirgendwo sonst sind so viele Bäume zwischen 200 und mehr als 400 Jahren auf so engem Raum vorhanden wie rund um den Stuttgarter Rotwildpark.

Die Tour beginnt an der *Magstadter Straße*, am Südrand des Glemswaldes. Vom Parkplatz „Calwer Sträßle" ist man nach wenigen Schritten am Seeufer zwischen Neuem See und Pfaffensee. Wir gehen nach rechts und begegnen schon bald einer skurrilen Baumgestalt ❶ – eine Eiche wie ein Totempfahl! Vielfach verwachsen und ohne Borke steht die längst abgestorbene Eiche wie ein Mahnmal für Beständigkeit, auch über den Tod hinaus.

Nach etwa 50 Metern muss man schon ein wenig in den Bestand hineingehen, um einen der ältesten aller Glemswald-Bäume zu finden: Die **Lanz-Eiche** ❷ hatte möglicherweise mehr als 400 Jahre gelebt, ihr mächtiger, rund 6 m starker Stamm verliert nun mehr und mehr die Borke. Sie ist aber doch noch immer ein eindrucksvolles Denkmal und das wertvollste ‚stehende Totholz' des ganzen Waldes. Die **Pfaffen-Eiche** ❸ mit nicht ganz so starkem Stamm erreichen wir nach kurzer Wegstrecke rechts des Wegs.

Der viel begangene *Uferweg* führt nach Umrundung des östlichen Pfaffensees direkt zur

4,5 km

ca. 2,5 h

70197 Stuttgart, Magstadter Straße

48° 75' 63.66" N
9° 10' 18.73" E
Parkplatz Calwer Sträßle

www. baerenschloessle-stuttgart.de

Achtung: Sonntags herrscht viel Ausflugsverkehr.

Bärenschlössle – Ausflugslokal mit Biergarten

◄ Schönster Platz am Pfaffensee – Halbinsel mit Seeeiche

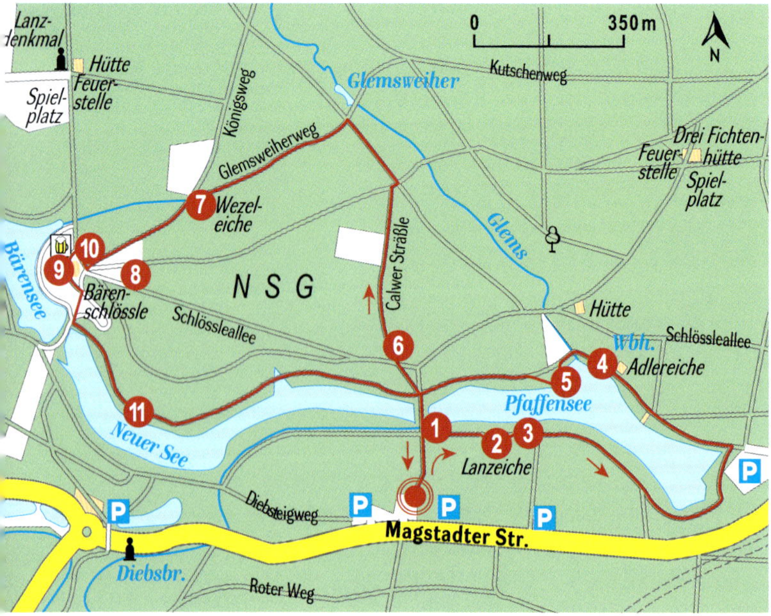

Adler-Eiche ❹. Auch sie zählt mit rund 400 Jahren zur kleinen Gruppe der ‚alten Garde', ihren Namen bekam sie vom Fischadler, der früher auf ihr gehorstet haben soll. Von ihr aus gehen wir am Ufer entlang auf die kleine Halbinsel hinaus, wo man unter den – in den letzten Jahren deutlich gekürzten – Armen der **See-Eiche** ❺ einen wunderschönen Platz findet. Vor allem im Herbst ist auch das letzte Stück am Pfaffenseeufer ein farbenprächtiges Erlebnis. Dann haben wir wieder das *Calwer Sträßle* erreicht und wenden uns auf diesem rechts weg vom See und damit nordwärts. Gleich nach dem Überqueren der Schlösslesallee sehen wir rechts die **Calwer Buche** ❻, die leider nur noch als Stammrest erhalten ist. 2008 erhob sich über dem damals 5,34 m starken Stamm noch eine große Krone.

Das *Calwer Sträßle* mündet schließlich beim Glemsweiher in den gleichnamigen Weg, auf dem es nach links weitergeht – Richtung Bärenschlössle. Dort, wo der *Königsweg* von rechts einmündet, starren einige Gesichter auf uns herab, die ein kreativer Zeitgenosse auf der Stammsäule der **Wezel-Eiche** hat entstehen lassen **7**. Nach 200 Metern treten wir auf die offene Parkfläche des Bärenschlössle hinaus, wo wir von zwei noch jungen Mammutbäumen und zwei alten **Lärchen** empfangen werden **8**. Dass es sich bei letzteren um die stärksten und ältesten des ganzen Landes handelt, weiß kaum ein Besucher.

Der im Stuttgarter Westen gelegene Glemswald rund um die drei Seen am Bärenschlössle gehört zu den beliebtesten Naherholungsgebieten des Großstadtraums. Nicht von ungefähr ist dieser überwiegend aus Stieleichen und Rotbuchen bestehende ‚Urwald' auch in seiner Gesamtheit unter Schutz gestellt.

4

Am *Bärenschlössle* angelangt, kann man sich in der ganzjährig geöffneten Gaststätte – im Sommer mit großem Biergarten – mit schwäbischer Hausmannskost stärken. Es wurde 1768 unter Herzog Carl Eugen als Lustschlösschen erbaut und ist in gerader Linie mit dem drei Kilometer nördlich gelegenen Schloss Solitude verbunden. Heute erinnern nur noch zwei steinerne Löwen an der Seeterrasse an diese Zeit. 1817 ersetzte König Wilhelm I. den heruntergekommenen Bau durch einen Jagdpavillon, der nach zweimaliger Zerstörung durch Krieg und Brand 1997 originalgetreu wieder aufgebaut wurde. Woher das Schlössle seinen Namen bekam, ist nicht überliefert – Bären gab es hier zur Zeit der Entstehung längst nicht mehr. Als „Bären" bezeichnete man zu jener Zeit allerdings die Zuchteber, die damals im Wald gehalten wurden.

Aus der Zeit um 1817 dürften die sechs **Schlössle-Linden** stammen 9, von denen in den letzten zehn Jahren leider zwei abgegangen sind. Zwei weitere mussten in der Krone radikal gekürzt werden. Der schöne Aussichtsplatz über dem Bärensee, mit Blick hinüber zur Hirschwiese, hat in

Ein abenteuerlicher Spielplatz beim Bärenschlössle

der Folge zwar an Attraktivität eingebüßt, doch bleibt das historische Ambiente wohl der absolute Lieblingsplatz für die meisten Wildparkbesucher. Bevor wir uns wieder auf den Rückweg machen, schauen wir noch kurz bei einer der stärksten **Waldkiefern** Baden-Württembergs vorbei **10**. Sie steht unweit nordöstlich am Hang über einem kleinen Bachtal. Der langsam wachsende Baum hat in den letzten zehn Jahren nur 3 cm an Umfang zugenommen, misst heute 3,73 m und hat wahrscheinlich auch bereits ein Alter von 200 Jahren erreicht. Zu seinen Füßen ist ein grottenähnliches Steingebäude der reinste Abenteuerspielplatz für Kinder.
Der Rückweg verläuft am Nordufer des Neuen Sees, und hier sind – zwischen den schönen Ausblicken über die Seefläche – die sich windenden Wurzelgeflechte der **Buchen am Hang** **11** staunenswert, die das Erdreich festhalten. Nach wenigen hundert Metern sind wir wieder am *Calwer Sträßle* zurück.

8

10

11

1

GLEMSWALD II

RUND UM DEN BÄRENSEE

Einige der ältesten heute noch im Glemswald stehenden Eichen hatten vielleicht schon ausgekeimt, als 1566 der Pfaffensee und 1618 der Bärensee aufgestaut wurden. Ein faszinierender Besuch bei echten Urgehölzen.

Die Tour startet im Stuttgarter Wildparkgebiet am „Schattengrund“, wo die Magstadter Straße am Kreisverkehr in die Mahdentalstraße übergeht. Am Parkplatz nördlich der Straße gehen wir bis kurz vor den Neuen See. Dort wechseln wir auf die nach links abzweigende *Schattenallee*. Nach wenigen Metern schon nehmen wir eine alte, teils vermorschte **Rotbuche** ❶ in Augenschein und statten anschließend den **16 Buchen** ❷ einen Besuch ab, die nach gut 100 Metern am Weg stehen. Die heute noch vorhandenen zehn intakten Stämme, die am Fuß zu einem gewaltigen Sockel verwachsen sind, bilden die im Glemswald größte und bekannteste Bündelpflanzung einer Rotbuche. Der gemeinsame Erdstamm ist von zahllosen Schnitzereien bedeckt und misst im Umfang stolze 7,31 m.

Bei der nächsten Möglichkeit gehen wir dann nach rechts wieder zu den Seen hinab. Am Beginn des Bärensees wechseln wir auf dessen Nordseite, folgen dem Uferweg unterhalb des Bärenschlössle und erreichen nach wenigen Minuten die monumentale Stammsäule der **Bären-Eiche** ❸. Der seit

◂ Uriger Baumriese am Beginn der Schattenallee

5,0 km

ca. 2,5 h

70197 Stuttgart, Magstadter Straße

48° 75‘ 61.36“ N
9° 09‘ 21.29“ E
Wanderparkplatz am Schattengrund
Bushaltestelle Linie 92

www. baerenschloessle-stuttgart.de

Schöne Waldtour mit eindrucksvollen Baumveteranen

Bärenschlössle – Ausflugslokal mit Biergarten

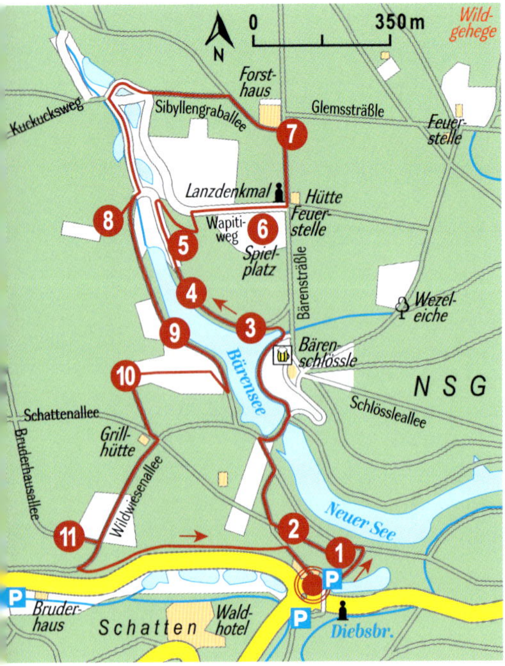

vielen Jahren abgestorbene Baum hat durch den Verlust seiner dicken Borke gut einen halben Meter an Umfang verloren, besitzt aber eine großartige Ausstrahlung – besonders, wenn man nahe an die urigen Wurzelanläufe herangeht und zu den wenigen, nackten Armen hinaufschaut.

Im weiteren Verlauf des Uferweges folgt ein noch stärkerer Eichenriese mit einem mächtig verdickten Stammfuß – die stark von Pilzen befallene **Klumpfuß-Eiche** ❹ hat sich im oberen Teil noch eine grüne Restkrone erhalten.

Noch vor der Seespitze schauen wir – im Gegensatz zu fast allen anderen Vorbeigehenden – rechts den Waldhang hinauf und entdecken dort die **Buchenkönigin** ❺. Wer sie sieht, erkennt sie sofort: Am gedrungenen, wuchtigen Erdstamm läuft eine Schleppe kräftiger Wurzelstränge noch ein Stück den Hang hinab, und darüber greifen zahlreiche, in Stockwerken angeordnete Äste weit zur Seite aus. Die gut 250-jährige Buche war also nicht immer so gut im Bestand versteckt wie heute.

Über den in östlicher Richtung verlaufenden *Wapitiweg* gehend ist die große Lichtung am Bärenkopf unser nächstes Ziel – die Lanzwiese. Hier steht der 1930 errichtete Gedenkstein für den Forstrat Otto Lanz (1837–1929), der als einziger bürgerlicher Duzfreund König Wilhelms gilt. Auf der offenen Parkwiese ist als prächtiger Solitärbaum auch die **Alte Eiche** ❻ noch er-

5

halten. Auch mit deutlich reduzierter Krone ist der 6,60 m starke Baum eine sehr imposante Erscheinung. Eine zweite Eiche ist am Stamm massiv beschädigt.

Mit der Lanzwiese haben wir dann auch wieder das *Bärensträßle* erreicht, die zentrale Nord-Süd-Achse des Glemswaldgebiets. In nördlicher Richtung gehend, sehen wir vom Weg aus weitere, zum Teil stark abgängige Altbäume, darunter auch einige **Hainbuchen** ❼, die noch vor wenigen Jahren zu den stärksten des Landes zählten, nun aber mehr und mehr zusammenbrechen.

An der großen Forsthaus-Wegkreuzung biegen wir nach links in die *Sybillengrab-Allee* ab, sie führt wieder ins Tal des Bernhardsbachs. Dort gehen wir wieder in südlicher Richtung weiter, an abgegangenen Eichen und verkrebsten Buchen vorbei. An einem schräg aufwärts führenden Weg steht die **Strauß-Buche** ❽, vor wenigen Jahren noch mit gewaltiger, mehrstämmiger Krone (siehe Bild) – heute leider vom Sturm schlimm zugerichtet!

Nur noch als Wasserleiche erleben wir dann am Uferweg die urtümlich anmutenden Überreste der **Archen-Eiche** ❾ – so entstehen wichtige Lebensräume für seltene Seebewohner.

8

10

Bald erreichen wir die Hirschwiese und gehen auf schmalem Wiesenpfad zum Pavillon hinauf, dem ehemaligen Futterhaus der Hirsche – von hier hat man den schönsten Blick aufs Bärenschlössle. Die nebenan stehende **Pavillon-Eiche** ⑩ gehört zwar nicht zu den ganz alten Bäumen, doch besitzt sie – nicht zuletzt aufgrund der eingebrachten Seilsicherungen – die größte Baumkrone im Glemswaldgebiet: Rund 30 m misst ihr Durchmesser.

Bis ins 16. Jahrhundert erfolgte die **Wasserversorgung Stuttgarts** *über den Nesenbach und einige Quellen im Talkessel. Als der Wasserbedarf anstieg, entschloss sich Herzog Christoph, das Wasser des Glemsbachs aufzustauen und über die Heidenklinge in die Stadt zu leiten. So entstanden u. a. die drei großen* **Glemswald-Seen**.

Nach Süden treffen wir auf die *Schattenallee*, von wo wir gleich wieder nach rechts auf die *Wildwiesenallee* abbiegen. Hier gehen wir zwischen langen Kastanienreihen und besuchen nach Überqueren einer Lichtung die mächtige **Wildwiesen-Eiche** ⑪. Sie ist einer der drei mächtigsten Bäume auf der westlichen Seite des *Bärensträßles* und mit etwa 350 Jahren auch einer der ältesten. Über dem Stamm, dessen handbreite Borkenstränge weit heraustreten, blicken wir in die struppig wirkende, dicht verzweigte und über 35 m hoch aufragende Krone. Anschließend führt uns der parallel zum Talhang verlaufende Fußweg vorbei an weiteren alten Eichen und Buchen wieder zurück zu unserem Ausgangspunkt.

Stimmungsvoller Weg unter Kastanien – die Wildwiesenallee

1

GLEMSWALD III

BERNHARDSBACH UND BÄRENSTRÄSSLE

Innerhalb der Wildgatter wird die natürliche Verjüngung des Waldes durch den hohen Wildbestand sichtbar eingeschränkt, so dass sich nur eine Art Parkwald ausbilden kann. Doch außerhalb der Rot, Dam- und Schwarzwildgehege geht es urig zu.

Ausgangspunkt dieser Glemswaldtour ist der beliebte Wanderparkplatz *Solitudetor* – beliebt vor allem deshalb, weil von hier aus sowohl Schloss Solitude im Norden als auch die Waldgebiete um das Bärenschlössle im Süden schnell erreicht werden können.

Wir gehen allerdings nicht übers breite *Bärensträßle*, sondern nehmen den kleinen, abenteuerlich anmutenden Pfad an der Westseite des Parkplatzes. Kaum haben wir den Wald betreten, sind wir schon von alten Eichen umgeben, die meisten von ihnen im letzten Stadium ihres Lebens. Wer sich aufmerksam umschaut, kann gleich mehrere der zwischen 200 und 300 Jahre alten Veteranen entdecken – nach kurzer Wegstrecke links des Wanderpfads sogar ein noch älteres Exemplar. Es steht auf einem weit ausgestellten Stammfuß mit einer kleinen Höhlung an der Basis, und am 6 m dicken Stamm ist die Baum-Nr. 4656 angebracht. Wie mir Förster Michael Seifert erklärt, sind im Wildparkgebiet mehr als 4 800 Bäume

◄ Nicht leicht zu entdecken – die Elefantenfuß-Eiche

5,5 km

ca. 2,5 h

70197 Stuttgart, Wildparkstraße Parkplatz

**48° 77‘ 74.94“ N
9° 09‘ 02.25“ E
Wanderparkplatz am Solitudetor
Bushaltestelle Forsthaus II, Linie 92**

**www.
baerenschloessle-stuttgart.de**

Genießen und Entdecken auf wenig begangenen Pfaden

Bärenschlössle – Ausflugslokal mit Biergarten

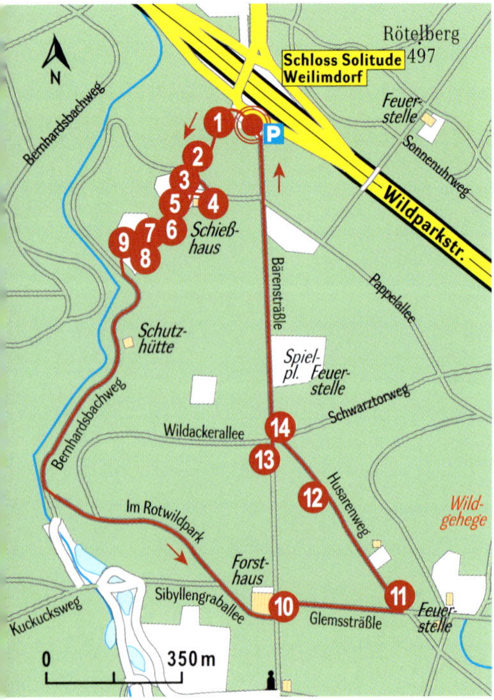

mit einem Brusthöhendurchmesser von über 80 cm erfasst. Einen ‚richtigen' Namen hat diese Rieseneiche jedoch nicht (dies ist nur bei einem Dutzend Bäume der Fall), **Elefantenfuß-Eiche** ❶ wäre ein passender Name. Bevor wir kurze Zeit später auf die Lichtung am Nordpavillon, dem sogenannten *Schießhaus*, hinaustreten, versetzt uns noch der dunkle Stammtorso einer vermoderten **Buchenruine** ❷ in Erstaunen. Das Schießhaus war der Ort, wo die höfischen Jagd-Gesellschaften die auf die Lichtung getriebenen Wildtiere erlegten – von diesen grausamen Ereignissen des 18. und 19. Jahrhunderts könnte uns sicher manch einer der heute noch lebenden, hölzernen Zeitzeugen berichten.

Zentral auf der Lichtung ist leider im Sommer 2018 eine großartige **Solitäreiche** ❸ zusammengebrochen – die bereits stark zersetzten Stamm- und Kronenteile wurden unter dem Blätterdach einer benachbarten Buchengruppe deponiert. Mit etwas Glück kann man hier einen Holzkäfer entdecken, vielleicht sogar den seltenen Hirschkäfer.

Beim kleinen Abstecher zum historischen Schießhaus können wir unweit östlich davon eine alte Eiche auch noch von innen betrachten – dabei ist die **Hohle Eiche** ❹ durchaus noch lebendig, wie die grüne Belaubung des letzten verbliebenen Kronenastes anzeigt! Eindrucksvoll ist auch die

2

4

3

7

benachbarte Buche Nr. 2598. Unser Weg verläuft zum südlichen Lichtungsrand, und hier stehen wir gleich wieder vor zwei mächtigen **Buchen** ❺ – sie und die weiter im lichten Bestand erkennbaren Alteichen vermitteln hier einen guten Eindruck des ehemaligen Weidewaldes. Genau genommen konnte man hierbei von einem Wald im heutigen Sinne nicht sprechen, es war eher eine parkartige Wiesenfläche, auf der die wenigen großen Hutebäume zu Beginn des 19. Jahrhunderts den Weidetieren Schutz und Nahrung boten.

Die ***Landesherren*** *des 17. und 18. Jahrhunderts hatten den Glemswald zu einem ihrer bevorzugten* ***Jagdgebiete*** *erklärt. Erst in der 2. Hälfte des 19. Jahrhunderts gelang nach Reduzierung des großen Wildbestandes allmählich die* ***Wiederaufforstung****. Der anfangs lichte Wald wurde umzäunt, erst nach dem Ende der Monarchie im Jahr 1919 erhielt die Bevölkerung* ***freien Zutritt****.*

Auch die heute längst abgestorbene und bereits völlig borken- und namenlose **Eiche** ❻, der wir wenig später links des Weges begegnen, war damals sicher noch ein prächtiger Baum.

Dann ist die *Bernhardslichtung* erreicht, auf der gleich drei bemerkenswerten Baumgestalten zu erleben sind. Absolut dominierend beherrscht die

9

riesige **Bernhards-Eiche** **7** die Szene, eine rund 350-jährige Stieleiche, die sich ihre Krone noch weitgehend vollständig erhalten hat. Während die meisten Bäume der höchsten Altersklasse im Glemswald kaum noch an Umfang zunehmen – wegen des Borkenverlusts oft sogar abnehmen – hat ihr 6,61 m starker Stamm in den letzten zehn Jahren um immerhin 13 cm zugelegt! Im gleichen Zeitraum konnte ich bei der gleich starken **Alten Eiche** (vgl. S. 20) bei ebenso freiem Stand – nur 1 cm Zuwachs feststellen.

Die von einem weiträumigen Zaun umgebene **Skelett-Eiche** **8** sowie die vom kreativen Holzkünstler Thomas Rappaport geformte **Ketten-Eiche** **9** bilden die beiden anderen Baumhöhepunkte auf der Bernhardswiese.

Am südlichen Ende der Bernhardslichtung stoßen wir auf den *Bernhardsbachweg*, dem wir nach Süden folgen. In einer alten Karte finde ich noch den ehemaligen Namen Bärenbach – vermutlich sind nach diesem auch das Bärenschlössle und der Bärensee benannt.

Nach der Bernhardsbachhütte nehmen wir nach rund zehn Minuten den linker Hand schräg aufwärts führenden Weg. Er bringt uns durch einen

Buchen-Totholz mit Zunderschwämmen ▶

14

Glemsweiherweg

schönen, jüngeren Mischwald aus Buchen, Kiefern, Eichen und Hainbuchen zur *Sybillengrab-Allee* und zur Wildmeisterei am *Bärensträßle*. Auf deren östlicher Seite gehen wir auf dem *Glemssträßchen* weiter, der wichtigsten Ost-West-Achse im Wildparkgebiet. Schon an der Forsthaus-Kreuzung fällt eine große Rosskastanie auf, unter der ein schöner Sitzplatz in Gestalt eines **Baum-Krokodils** die Vorbeikommenden zu einem Päuschen auffordert ⑩.

Das *Glemssträßchen* wird von Rosskastanien gesäumt, einer Baumart, die als Wildfutterlieferant schon seit ihrer Einführung in Europa ab 1576 eine wichtige Rolle spielte. Auf der südlichen Seite sind im weiteren Verlauf immer wieder mächtige Buchen im Bestand erkennbar.

Schon nach wenigen Minuten biegen wir nach links in den *Husarenweg* ein, wo die einst mächtige **Husarenbuche** ⑪ nur noch als Stammrest erhalten ist.

Bald erreichen wir die **Blitz-Eiche** ⑫, die trotz ihrer schweren Verletzung über der turmhohen Stammsäule noch eine kleine grüne Restkrone besitzt. Am *Bärensträßle* gehen wir dann zuerst ein kleines Stück nach Süden und besuchen die inzwischen leider zerfallende **Riesen-Buche** ⑬ – vor gut zehn Jahren war sie noch die mächtigste ihrer Art im ganzen Glemswald: 27 m maß ihre aus vielen Achsen bestehende Krone, und sie übertraf als eine von nur drei Buchen des Glemswaldes im Stammumfang die 6 m!

In nördlicher Richtung werfen wir dann gleich noch einen Blick auf eine weitere, ehemals riesige **Buche** ⑭, die im nordöstlichen Abschnitt der Wegkreuzung der Säge zum Opfer fiel – was im Naturschutzgebiet nur selten vorkommt. Beim Anblick des gewaltigen Stammes, bedeckt von Moosen und Holzpilzen, kann man sich gut vorstellen, wie wichtig ein solcher Baumriese auch im letzten Abschnitt seines Daseins für zahllose Kleinlebewesen ist.

Wer mit Kindern unterwegs ist, wird am großen Spielplatz nicht ohne Halt vorbeikommen – Flugzeug und Lokomotive, aus dicken Bäumen gefertigt, sind für sie eine besondere Attraktion. Noch ein letztes Stück Weg auf dem *Bärensträßle*, und wir sind wieder zurück am Wanderparkplatz.

◄ Holzkunstwerke im Naturraum

1

GLEMSWALD IV

BEIM ROT- UND SCHWARZWILDGEHEGE

Auch starke, alte Bäume müssen geschützt werden. In einem der ältesten Naturschutzgebiete Baden-Württembergs dürfen sie ihre nach Jahrhunderten bemessene Lebensspanne bis zum natürlichen Ende durchlaufen.

Diese Tour im Wildparkwald beginnt am Wanderparkplatz nördlich der Wildparkstraße, etwa 600 Meter westlich des Botnanger Abzweigs. Wir unterqueren die Straße und gehen auf dem *Glemsquellenweg* nach Süden bis zur *Pappelallee*. Dort treffen wir schon auf die Umzäunung des Rotwildgeheges. Nach Westen am Zaun entlang geht der Rundweg bis zum ersten Höhepunkt der heutigen Tour, der wahrscheinlich schon über 350-jährigen **Schwarztor-Eiche** ❶. Im Bereich einer langen Blitznarbe haben Schwefelporlinge ihre Fruchtkörper ausgebreitet, dennoch ist der Erhaltungszustand ausgesprochen gut, die schmale und hohe Krone noch reich beastet.
Schon wenige Meter vor dem stattlichen Baumriesen gehen wir ein kurzes Stück in den Bestand hinein, wo ein gefallener **Riesenstamm** den Weg versperrt ❷ – eine längst schon abgestorbene Eiche ist hier vor einigen Jahren quer über den Pfad gestürzt. Wieder am Rundweg, erreichen wir schon nach etwa zehn Minuten die Lichtung mit dem markanten historischen Futterhaus. Schon am Lichtungsrand fallen zwei mächtige **Buchen** auf ❸, die uns zwischen Rund-

◂ Ein mächtiger Waldriese: Die Schwarztor-Eiche

5,2 km

ca. 2,5 h

70197 Stuttgart, Wildparkstraße

48° 77‘ 16.42“ N
9° 10‘ 40.20“ E
Wanderparkplatz an der Wildparkstraße

www.baerenschloessle-stuttgart.de

Wildtierbeobachtung: am besten in den frühen Morgenstunden

Bärenschlössle – Ausflugslokal mit Biergarten

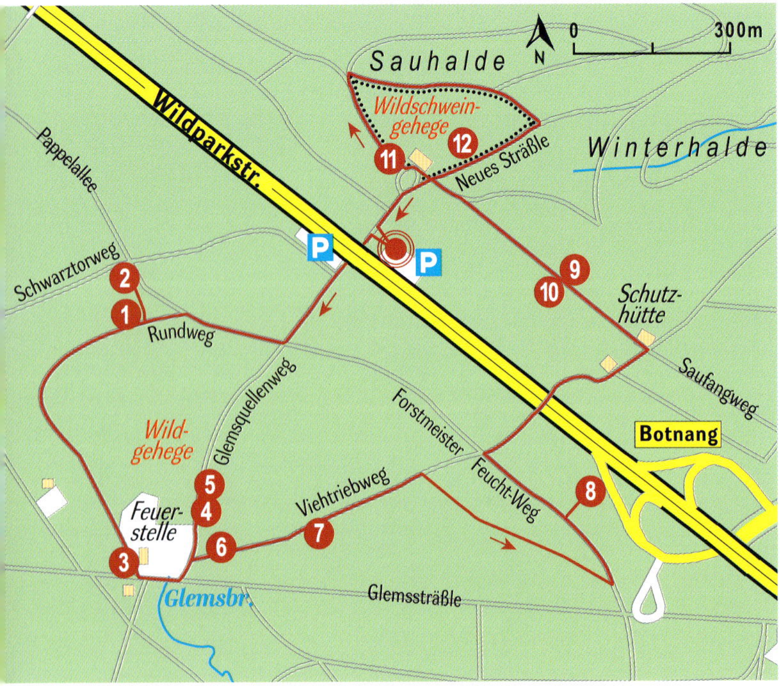

weg und *Glemssträßchen* in den Bann ziehen. Die stärkere der beiden ist zweikernig, und sie hat im Verwachsungsbereich der beiden Stämme viel sockelartiges Stützholz ausgebildet – eine typische Stabilisierungsmaßnahme des Baumes, um gegen Winddruck besser gewappnet zu sein.

Auch an der Ostseite des Geheges braucht man ein wenig Glück – oder muss sehr früh morgens unterwegs sein – um Rotwild zu erspähen. Dafür können sich einige alte **Rotbuchen** am Wegesrand nicht verstecken. Eine von ihnen ❹ ist mit Stahlseilen im Boden verankert, um zu verhindern, dass der marode Stamm auf den nahen Spazierweg stürzt.

Gleich danach entdecken wir die **Wildpark-Buche** ❺, schon ziemlich eingewachsen im Jungwald – heute ist sie leider nur noch ein riesiger, dunkler und von Pilzen zersetzter Baumleichnam. Vor 15 Jahren zählte sie mit einem Stammumfang von 5,68 m zu den fünf dicksten Buchen im Glemswald.

Im Wildgehege selbst finden keinerlei Eingriffe durch den Menschen statt, zahlreiche alte Bäume liegen umgestürzt und vermitteln den Eindruck eines urtümlichen Waldes. Hierbei bringt jeder abgegangene Altbaum mehr Licht zum Waldboden und verbessert dort die Bedingungen für das Aufwachsen der nächsten Generation – wären da nicht die Hirsche.

Wir gehen nun ein kurzes Stück zurück und nehmen den ersten Weg nach Osten, den *Viehtriebweg*. Schon nach 100 Metern präsentieren sich links des Weges zahlreiche Rotbuchen, die stärkste von ihnen steht gleich ganz vorn, die **Viehtrieb-Buche** ❻, die ebenso wie ihre Artgenossinnen zahlreiche Astverluste durch Windbruch hinnehmen musste.

Im weiteren Verlauf des Viehtriebwegs folgen auf beiden Seiten immer wieder etwa 200-jährige Buchen in meist nicht mehr gutem Erhaltungszustand von Stamm und Krone. Hier begegnen wir auch einem besonders eindrucksvollen Exemplar mit beachtlicher Stammstärke, aber nur noch

3

6

7

8

kurzer Lebenserwartung. Ihre Wuchsform erinnert an eine Stimmgabel, weshalb man ihr den Namen **Gabel-Buche** ❼ geben könnte.
Bald biegen wir nach rechts in einen kleineren Weg ein, der uns in geradem Verlauf – und durch jüngere Baumbestände mit einzelnen älteren Eichen führend – zum *Forstmeister-Feucht-Weg* bringt. Ihm folgen wir ein Stück nach Nordwesten, bis der Weg eine leichte Biegung macht. Hier gehen wir vorsichtig (wir sind im Naturschutzgebiet) etwa 100 Meter nach rechts in den Bestand, direkt auf die Wildparkstraße zu – und haben dann eine Audienz beim König des Waldes! Der mächtige Stamm der riesigen **Otto-Feucht-Eiche** ❽ ist nahe des Waldrandes nicht zu übersehen. Ein abgebrochener Großast bietet mit seinen Moospolstern einen bequemen Sitzplatz, um die drittstärkste Eiche Baden-Württembergs gebührend zu betrachten und zu bewundern. Vielleicht schon 500 Jahre dürfte sie hier allen Gefährdungen eines langen Baumlebens getrotzt haben – Frost und Schneelast, Sturm, Blitz und Hagel, Trockenheit, lichtraubende Nachbarn, Insekten und zuletzt den Baumpilzen, die sich überall dort ansiedeln, wo Beschädigungen auftreten und die Borke nicht mehr ausreichend Schutz bietet. Oberhalb einer großen Verdickung an der Basis – in der üblichen Messhöhe von 130 cm – beträgt der Stammumfang beeindruckende 7,58 m. Der Namenspatron dieser Eiche, Forstmeister Otto Feucht (1879-1971), der ehemalige Leiter des Forstamts Solitude, hat sich besonders um den Schutz der Stuttgarter Wälder viele Verdienste erworben, und sein „Schwäbisches Baumbuch“ von 1911 ist das erste und bis heute umfassendste Standardwerk über den Altbaumbestand des damaligen Königreichs Württemberg.

Der Glemswald war schon vor 80 Jahren etwas ganz Besonderes, und so wurde das **Wildparkgebiet** *auf Anregung des damaligen Forstmeisters Otto Feucht 1938 zum* **Naturschutzgebiet** *erklärt. Vor allem die alten, eindrucksvollen Baumgestalten bieten vielen, teilweise stark bedrohten Insekten, Vögeln und Kleinsäugern Nahrung und wertvollen Lebensraum.*

12

Zurück auf dem *Forstmeister-Feucht-Weg*, gehen wir bis zum *Viehtriebweg* weiter und wechseln dann über die Fußgängerbrücke auf die Nordseite der Wildparkstraße. An der Sautriebhütte biegen wir links ab und folgen dem *Saufangweg*. Er führt nach wenigen Minuten an einer starken **Traubeneiche** *Quercus petraea* ⑨ vorbei – bei ihr haben die Blätter Stiele, die Früchte dagegen ‚sitzen', bei der viel häufigeren Stieleiche *Quercus robur* ist es genau umgekehrt. Auf der südlichen Wegseite, etwas im Bestand stehend, verdient auch eine ähnlich starke **Stieleiche** ⑩ mit zwei langen Stammverletzungen Beachtung.
Am historischen Pavillon des Schwarzwildgeheges angekommen, bleiben wir noch auf dem *Saufangweg* und können dort an der **Kropfeiche** ⑪ ein weit fortgeschrittenes Stadium einer Baumkrebsverdickung beobachten.

▲
Historisches Futterhäuschen am Schwarzwildgehege

Die riesige Gewebewucherung, durch die der Baum immer wieder versucht hatte, gegen eine Pilzinfektion vorzugehen, ist hier bereits seit vielen Jahren aufgebrochen und im Inneren zersetzt, so dass der Eindruck eines Höhleneingangs entstanden ist. Der Baum selbst ist seit etwa 20 Jahren abgestorben.
Bei der Umrundung des Schwarzwildgeheges wird offensichtlich, dass auch die Schwarzkittel offenbar lieber in Deckung bleiben, wenn während des Tages viele, teils auch lautstarke Besucher unterwegs sind. Innerhalb des Geheges entdecken wir jedoch an dessen Südostseite, dem *Neuen Sträßle*, eine weitere riesige Baumgestalt – die **Saufang-Eiche** ⑫. Die etwa 6 m starke Stammsäule hat sich in den letzten zehn Jahren praktisch nicht verändert, und auch die sich erst bei über 10 m Höhe öffnende Krone ist für einen weit über 300-jährigen Baum noch erstaunlich gut erhalten.

Die Borke – ein Schutzpanzer für die Eiche ▶

Höhen
cafe

KILLESBERG

HÖHENPARK MIT SPASSFAKTOR

Ein Besuch im Höhenpark Killesberg ist ein in vielerlei Hinsicht abwechslungsreiches Erlebnis. Bei mehr als 200, zum Teil sehr seltenen Baumarten kommen auch die botanisch interessierten Besucher voll auf ihre Kosten.

Nach dem Cannstatter Eingang ist der *Koniferenhain* die erste Station unseres Rundweges, hier treffen wir auf einige fremdländische Nadelbaumarten. Eine von ihnen, der **Urwelt-Mammutbaum** *Metasequoia glyptostroboides* **1**, wurde erst 1941 in Zentral-China entdeckt. Nach Vergleichen mit einigen im selben Jahr veröffentlichten Pflanzenfossilfunden wurde er der Gattung Metasequoia zugeordnet. Diese erfüllte alle Kriterien eines ‚lebenden Fossils': Sie war nur noch auf einem kleinen Restareal erhalten, ist sehr artenarm und hatte in früheren Erdzeitaltern eine viel weitere Verbreitung. Somit ist dieser noch so junge Baum, der inzwischen häufiger in europäischen Parkanlagen anzutreffen ist, ein echtes Urzeit-Relikt.

Zu seinen Füßen zieht ein schirmförmig gewachsener **Fächerahorn** mit seinem intensiv leuchtenden Herbstkleid – zumindest im Oktober – alle Blicke auf sich. Nur wenige Meter weiter bilden die immergrünen Nadeln bzw. Schuppenblätter von **Blauzeder**, **Douglasie** und **Riesenmammutbaum** **2** die passende, dunkle Hintergrundkulisse.

◂ **Herrlicher Blick vom Killesbergturm**

3,3 km

ca. 2,0 h

70191 Stuttgart, Maybachstraße/ Stresemannstraße

48° 80‘ 76.09“ N
9° 17‘ 67.69“ E
Stadtbahn-Haltestelle Maybachstraße (U6, U7, U13, U15) oder Buslinie 57

www.stuttgart.de/ hoehenpark-killesberg

Parkrundgang mit abwechslungsreichem Erholungsangebot

Höhencafé, Biergarten, Milchbar, Weinstube

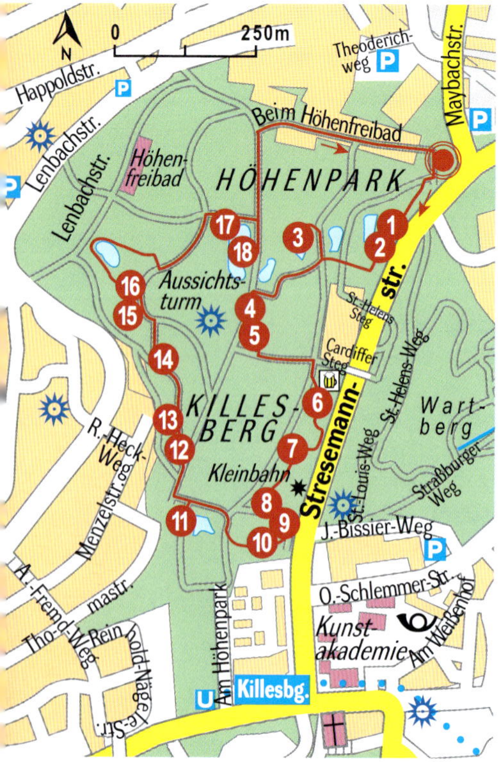

Wir gehen in westlicher Richtung weiter, entlang der Kunst-Installation des „Stangenwaldes", und befinden uns dann im stufig ansteigenden Bereich der Seenterrassen. Hier sind vor allem Stauden, aber auch Dutzende verschiedene, meist kleinwüchsige Baumarten angepflanzt, die überwiegend aus Ostasien oder Amerika stammen. Zu stattlicher Größe herangewachsen sind allerdings zwei **Blutbuchen** unterhalb des dritten Staffelsees. Bei ihnen handelt es sich um eine Mutation unserer gewöhnlichen Rotbuche *Fagus sylvatica*, die nach der Färbung ihrer Blätter den Formnamen „purpurea" erhielt. Diese rötliche Färbung entsteht durch eine Pigmentierung, vor allem im oberen Blattgewebe, die die grünen, chlorophyllhaltigen Zellen der Blattmitte überdeckt.

Am nördlichen Ende desselben Staffelsees lohnt sich ein kleiner Abstecher zu einem sehr alten, sicher noch aus der Anfangszeit des Parks stammenden **Birnbaum** *Pyrus piraster* ❸, dessen Äste sich weit über das Wasser erstrecken.

Nach dem vierten und letzten Staffelsee haben wir den Hauptweg erreicht, der den Park in Nord-Süd-Richtung durchquert. Hier breitet eine sehr große

Eine echte Schönheit im Abendlicht – der Fächerahorn ▶

Hybrid-Platane ❹ ihre Krone aus, die im Gehölzkundlichen Führer des Parks als *Platanus X hispanica* beschrieben wird, somit aus der Kreuzung ihrer Elternarten „occidentalis" und „orientalis" entstanden ist. Der recht schnell wachsende Baum, der um 1650 erstmals in Spanien auftaucht und zu den größten Laubbaumarten Europas zählt, trägt aufgrund seiner ahornähnlichen Blätter auch den Namen *Platanus X acerifolia*. Seine auffälligsten Erkennungsmerkmale sind die in breiten Schuppenstücken abblätternde Rinde und die kugeligen Früchte, die meist zu zweit an langen Stielen herabhängen.

Auf ein weiteres dendrologisches Highlight stoßen wir nahe des kleinen historischen Jahrmarkts, der am Fuße des Aussichtsturms mit Karussell und Kasperletheater vor allem die Kinder in seinen Bann zieht. Etwas unterhalb stehen zwei beachtlich große **Ginkgobäume** *Ginkgo biloba* ❺, ein männliches und ein weibliches Exemplar. Diese Baumart gilt ebenfalls als ‚lebendes Fossil', denn sie hat die letzten 200 Millionen Jahre nahezu unverändert überdauert und bildet nicht nur eine eigene Gattung, sondern sogar eine eigene Familie, Ordnung und Klasse! Sie ist also weder ein

3

6

8

Laub- noch ein Nadelbaum. Die Form der Blätter ist einmalig in der Pflanzenwelt. Als besonderes Kennzeichen der Ginkgos gilt auch das hohe Maß an Resistenz gegenüber Pilzen und Insekten, auch Luftschadstoffe sind für sie kein Problem. Sie werden deshalb seit etlichen Jahren auch gerne als Stadtbäume gepflanzt.

Im weiteren Verlauf des Rundwegs gelangen wir in einen Teil des Parks, der vor allem von knorrigen **Robinien** *Robinia pseudoacacia* und mehrstämmigen **Eiben** *Taxus baccata* 6 geprägt wird. Beide Arten zählen zu den ältesten Gehölzen auf dem Killesberg.

Auf der sich anschließenden Krokuswiese fällt ein seltener Baum durch seine Wuchsform auf – seine weit ausgreifenden Tiefäste liegen zum Teil am Boden auf, und einer von ihnen hat sich sogar selbst bewurzelt. Es ist ein **Taubenbaum** *Davidia involucrata* 7, der hierzulande auch als „Taschentuchbaum" bekannt ist.

Die großen, weißen Hochblätter des in China beheimateten Baumes erinnern aus der Ferne tatsächlich an einen Schwarm weißer Tauben, der sich im Geäst niedergelassen hat. Mit 22 m Kronenbreite gehört das Killesberg-Exemplar zu den größten seiner Art im ganzen Land.

Zur bunten Palette der Attraktionen im Höhenpark gehören ein historischer ***Jahrmarkt mit Karussell****, ein riesiger* ***Kinderspielplatz samt Streichelzoo****, ein* ***Aussichtsturm mit herrlichem Rundblick*** *sowie prächtige* ***Blumenbeete****. Viele Besucher freuen sich jedes Jahr auf das* ***Lichterfest****.*

An einem schönen Wasserfall vorbei führt der kleine Weg hinunter in den *Primelgarten*. Dabei passieren wir eine herrlich gewachsene **Rotbuche** 8, die sich mit einem breiten Wurzelteller am steilen Hang verankert hat. Wenig später markiert eine große, gleichmäßig entwickelte **Eibe** *Taxus baccata* 9 mit kurzem, starken Stamm und breiter Krone den südlichen Eingang zum Primelgarten. Diese Baumart ist in vielerlei Hinsicht bemerkenswert: Mit Ausnahme der roten Fruchthülle sind alle Teile des Baumes giftig; sein Wachstum verläuft in der Regel deutlich langsamer als das aller anderen

Bäume, und in Sachen Höchstalter können selbst Linden und Eichen bei weitem nicht mithalten. Auf mehr als 2.000 Jahre bringen es die ältesten Exemplare, die man vor allem in Nordfrankreich und Schottland findet.

Die hohen Baumkronen, die kurz vor dem *Eingang Stresemannstraße* auf freier Fläche erscheinen, gehören zu drei amerikanischen **Tulpenbäumen** *Liriodendron tulipifera* ⑩. Diese inzwischen auch bei uns beliebte Baumart begeistert im Frühling mit großen, weißen Blüten und im Herbst mit strahlend gelben Blättern. Letztere haben mit dem fast viereckigen Umriss eine einmalige Blattform.

Schnell haben wir dann den *Fontänensee* erreicht, an dem wir einen Baum vorfinden, dessen Stamm in der Vegetationszeit vollständig hinter einem geschlossenen Vorhang tief herabhängender Äste und Zweige verborgen ist. Es ist eine **Hängebuche**, eine Varietät unserer Rotbuche *Fagus sylvatica ‚Pendula'* ⑪.

Nach Überschreiten des Hauptweges gelangen wir ins „Tal der Rosen", einen weitgehend offen gehaltenen Teil des Parks, der zum Aussichtsturm hin mit Rosenbeeten begrenzt wird. An der Westseite wird unser Weg von

11

13

14

einigen sehenswerten Bäumen begleitet, die zumindest in dieser Größe Seltenheitswert besitzen.
Den Auftakt macht eine **Samthaarige Stinkesche** *Tetradium danielli* 12, eine in China beheimatete Baumart, deren Blätter unserer Esche ähneln – die Rinde dagegen ist buchenartig. Die weißen Blütenstände werden von Juni bis August sehr gerne von Bienen besucht, ihr Pollen zählt zu den nahrhaftesten überhaupt im Pflanzenreich. Der Name „Bienenbaum" passt somit ebenfalls gut, der starke, süßliche Duft wird von manchen Menschen jedoch als unangenehm empfunden.
Etwa 50 Meter weiter treffen wir auf einen Baum, der während seiner kurzen Blütezeit im April jede Wahl zum schönsten Baum gewinnen würde – ist doch noch vor dem Laubaustrieb die gesamte Krone mit großen, weiß-rosafarbenen Blüten übersät. Die nach dem französischen Botaniker Pierre Magnol (1638-1715) benannte Pflanzengattung ist überwiegend in Ostasien zuhause und umfasst rund 300 verschiedene Arten. Um 1820 entstand aus der Kreuzung zwischen der Purpurmagnolie und der Yulan-Magnolie die in Mitteleuropa am häufigsten angepflanzte **Tulpen-Magnolie** *Magnolia soulangeana* 13. Im „Tal der Rosen" steht ein eindrucksvolles Exemplar mit sich weit ausstreckenden Tiefästen, die sich reich verzweigen und zum Teil schon am Boden abliegen. Die schönste Zeit für diesen Baum ist Ende März, wenn sich die Blüten öffnen.
Unser nächster Baumstopp erfolgt schon bald, denn eine riesige **Kaukasische Flügelnuss** *Pterocarya fraxinifolia* 14 breitet ihre gewaltige Krone ebenfalls an unserem Rundweg aus. Wie so oft bei dem aus dem Mittleren Osten stammenden Walnussgewächs ist die Krone über mehreren Stämmen aufgebaut – in diesem Fall sind es fünf Achsen. Dadurch entsteht ein Kronendurchmesser von beachtlichen 27 m. Die gefiederten Blätter können ebenso wie die Blütenstände bis zu 0,5 m Länge erreichen; aus letzteren entwickeln sich Fruchtstände mit geflügelten Nüsschen. Das wertvolle Holz wird besonders in der Furnierherstellung sehr geschätzt.
Ein zweites Exemplar dieser Art, ausnahmsweise mit mächtigem Einzelstamm, ist am Weg beim Polsterstaudenhang, unterhalb des Höhencafés, kaum zu übersehen 15.

Beachtenswert ist dort auch eine groß gewachsene **Edelkastanie** *Castanea sativa* 16, ein in unserer Region recht seltener Baum. Aufgrund der fehlenden Winterhärte ist dieses schöne Mittelmeergewächs nur im Oberrheingraben häufiger anzutreffen.

Die „Esskastanie“ kann über 600 Jahre alt werden und dabei mächtige Stämme entwickeln. Bekannt und beliebt sind die braunen, essbaren Früchte, die von einer stacheligen Hülle umgeben sind, unter dem Namen *Maronen*.

Im weiteren Verlauf unseres Parkweges umrunden wir den Seerosenteich und werfen dabei einen Blick auf die tropisch anmutenden Bananenstauden vor der Steinbruchwand. Danach sind wir zunächst im *Garten der Wildflora* und gehen dann über die kleine Brücke, die den *Wildgraben* überspannt. Kurz darauf schwenken wir nach Norden und erreichen nach wenigen Minuten die Tiergehege des Streichelzoos und den *Flamingosee*. Hier sind aller Augen auf die schönen, rosafarbenen Vögel gerichtet, und kaum ein Besucher nimmt die beiden im südöstlichen Nordamerika beheimateten **Sumpfzypressen** *Taxodium distichum* wahr 17, die wenige Meter weiter am Seeufer

16

18

◄ Technische Attraktion – der Aussichtsturm, Tierische Attraktion – der Flamingo

stehen. Die bis 35 m hoch wachsende Baumart zeigt einen gleichmäßig kegelförmigen Kronenbau. Im Spätherbst verfärben sich die Nadelblätter – wie beim Urweltmammutbaum – kupferbraun und fallen dann ab. Charakteristische Atemknie, die auf Überschwemmungs-Standorten rings um den Baum aus dem Boden wachsen, belüften den Wurzelraum und sorgen für zusätzlichen Halt im weichen Untergrund.

Über dem Ostufer des Flamingosees erwartet uns kurz vor dem Ende unseres Weges ein ungewöhnlich mächtiger **Blauglockenbaum** *Paulownia tomentosa* 18. Der nach der russischen Zarentochter Anna Pawlowna benannte, aus Ostasien stammende Parkbaum erreicht meist nur mittlere Größen bis rund 15 m, wächst aber sehr schnell. Unserer Killesberg-Paulownie scheint ihr Standort sehr zu gefallen – die Krone hat bereits einen Durchmesser von rund 23 m erreicht! Damit zählt sie zu den größten ihrer Art in Deutschland und sogar in Europa. Aufgrund der noch vor dem Laubaustrieb erscheinenden blauen Blüten, der großen, herzförmigen Blätter und der braunen Kapselfrüchte, die während des Winters am Baum verbleiben, gehört der ‚Kaiserbaum', wie er auch genannt wird, zu den attraktivsten Parkgehölzen überhaupt.

Auf dem Hauptweg gehen wir wieder nordwärts, an den Beeten vorbei, auf denen im Oktober Tausende von Dahlien ihren Blütenzauber entfalten. Am Lindenhain biegen wir nach rechts ab und erreichen dann wieder unseren Ausgangsort an der Maybachstraße.

Alljährlich gesucht – die schönste Dahlie Stuttgarts

ROSENSTEINPARK

EIN LANDSCHAFTSPARK ALS GROSSPROJEKT

Die schönste Zeit im größten und bedeutendsten Landschaftspark des Landes ist ein goldener Oktobertag, wenn die Schwarznussbäume und Ahorne ihre Farbenpracht zur Entfaltung bringen. Aber auch zu anderen Jahreszeiten lohnt ein Besuch unbedingt.

Schon kurz nach dem Parkzugang am *Löwentor* gehen wir nach rechts, in südöstlicher Richtung. Der erste Abzweig halblinks bringt uns zum westlichen Querweg und damit zum ersten Baumveteranen unserer Tour – dem ältesten und stärksten noch vorhandenen **Spitzahorn** *Acer platanoides* ❶. Seine Hauptachse, und damit der größte Teil seiner Krone, ist leider abgebrochen, doch die seitlichen Äste treiben noch gut aus. Ein gutes Erkennungsmerkmal der Art sind die spitz auslaufenden, handförmig gelappten Blätter und die geflügelten Früchte, die sich nur wenig gewinkelt gegenüberstehen. Die im März und April strahlend gelbgrünen Blütenrispen sind schon von Weitem zu sehen. Zurück auf dem Rundweg folgen wir diesem weiter, bis wir, kurz nach einem schönen Platanenpaar, wieder auf einen Ahorn treffen. Diesmal ist es ein **Bergahorn** *Acer pseudoplatanus* ❷, gut erkennbar an der typisch gesprenkelten Borke und den rötlichen Blattstielen. Auch dieser um etwa 1830 gepflanzte Baum ist der größte seiner Art im

◀ Pleasureground mit Schloss Rosenstein

4,7 km

ca. 2,5 h

70191 Stuttgart,
Nordbahnhofstr. 203

48° 80‘ 71.86“ N
9° 18‘ 95.16“ E
Stadtbahn-Haltestelle
Am Löwentor
(U12)

www.
rosenstein-park.de

Wiesenflächen dürfen zeitweise nicht betreten werden

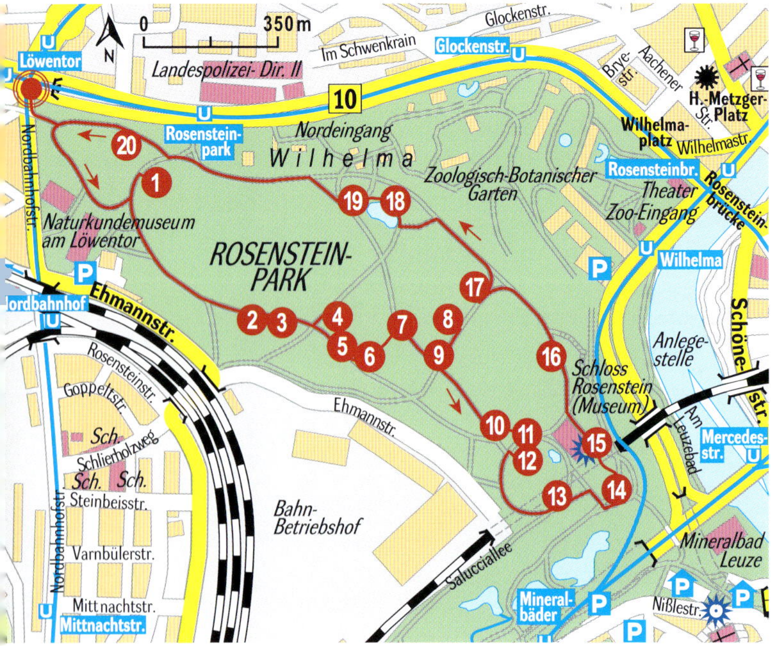

Park, und die ab 6 m Höhe zweiachsige Krone ist trotz vieler Kürzungen noch von respektabler Größe.

Wenig später folgt, ebenfalls rechts des Weges, eine dicke **Esche** *Fraxinus excelsior* ❸. Nach dem Abgang einer noch stärkeren Artgenossin an der Wilhelmaseite ist sie heute die Nummer 1 unter den Rosenstein-Eschen. Hoffen wir, dass sie vom derzeit grassierenden Eschentriebsterben verschont bleibt.

Am nächsten, dem mittleren Querweg, machen wir einen kleinen Abstecher etwa 50 Meter nach links, um die dann gleich rechts des Weges stehende **Rosskastanie** *Aesculus hippocastanum* ❹ zu besuchen. Der mächtige Baum ist aus einer Mehrfachpflanzung entstanden, und die Maße von 28 m für die Kronenbreite und 5,38 m für den Stammumfang sind sogar

1

2

4

deutschlandweit gesehen höchst bemerkenswert. Wegen Bruchgefahr ist die Krone weiträumig umzäunt.
Wieder zurück am Rundweg, entdecken wir nach etwa 100 Metern links des Weges das älteste Exemplar einer dritten Ahornart, einen **Silberahorn** *Acer saccharinum* ❺. Der lateinische Artname verweist auf den zuckerhaltigen Saft, der im Frühjahr in die Zweige aufsteigt. Im Ursprungsland Kanada wird daraus Ahornsirup hergestellt. Der deutsche Name geht auf die silbrig schimmernden Blattunterseiten zurück. Der Silberahorn ist oft mehrstämmig ausgebildet, hier jedoch steht ein ungewöhnlich dicker, stark verwachsener Einzelstamm, der sich in 4 m Höhe in acht große Äste aufteilt.
Unser nächstes Ziel ist etwa 40 Meter entfernt – auffallend ist vor allem der zum Fuß hin deutlich breiter werdende Stamm. Dieser in der Fachsprache „abholzig" genannte Stamm gehört einer **Bergulme** *Ulmus glabra* ❻, erkennbar an den großen, rauen und zur Spitze hin breiter werdenden Blättern mit der ulmentypisch unsymmetrischen Basis. Der auf der Ostseite im Stammbereich weit aufgerissene und schon vor Jahrzehnten mit Eisenankern unterstützte Ulmenveteran ist in dieser Stärke (knapp 5 m Stammumfang) und Altersklasse (rund 200 Jahre) als sehr seltener Ausnahmebaum anzusehen.
In diesem zentralen Teil des Parks sind weitere Altbäume mit beachtlichen Maßen vorhanden, unter anderem zwei stattliche Zerreichen nördlich der Ulme (auf diese Baumart kommen wir zum Schluss der Tour zurück), und drei in Reihe stehende Stieleichen östlich von ihr, die von einer weiteren, mächtigen Zerreiche ergänzt werden. Wir gehen indessen zu den beiden **Blutbuchen** *Fagus sylvatica f. purpurea* ❼, deren rot schimmerndes Laub sich attraktiv von den ansonsten sommergrünen Kronen abhebt. Die beiden Bänke unter den Kronen sind ein guter Platz, um die Atmosphäre zu genießen, die von den alten, großen Bäumen ausgeht.
Zwei weitere Highlights warten am östlichen Querweg. Um beide hatte ich mir schon 2009 Sorgen gemacht, starke Beschädigungen ließen einen baldigen Abgang befürchten. Umso mehr freute es mich, sie auch 2019 noch grünend anzutreffen: Etwas nördlicher am Weg eine **Silberpappel**

7

8

9

11

12

Populus alba 8, deren überall stark gekappte Hauptäste gut ausgetrieben haben. Die weißlichen Blattunterseiten glänzen im Sonnenlicht tatsächlich wie Silber.

Nahe der Wegkreuzung ist die **Roteiche** *Quercus rubra* 9 eine Ureinwohnerin des Parks und echte Überlebenskünstlerin. Trotz des Abrisses zweier sehr großer Achsen hat sie wieder ihr schönes Laub ausgetrieben, das sich im Herbst intensiv rot verfärbt.

An der Wegkreuzung gehen wir Richtung Schloss und treffen kurz vor dem *Pleasureground*, wie der westlich dem Schloss vorgelagerte Rundplatz in der Entstehungszeit genannt wurde, auf zwei **Stieleichen** *Quercus robur*, von denen die stärkere, links des Weges, eine bemerkenswert glatt verheilte, sehr große Stammwunde zeigt 10. Auf der südöstlichen Seite des Weges, der rund um den Pleasureground verläuft, überraschen zwei skurril gewachsene **Hainbuchen** *Carpinus betulus* 11 mit ihren klobig verwachsenen Stammfüßen. Sie stammen aus der Zeit um 1860 und wurden offenbar schon in den ersten Lebensjahren durch gezielte Schnittmaßnahmen in diese großartige Form gelenkt. Etwas vorgezogen in den ansonsten weitgehend frei gehaltenen Rundplatz präsentiert sich eine außergewöhnlich prächtig entwickelte **Pyramideneiche** *Quercus robur ‚Fastigiata‘* 12 als absoluter Superstar unter den mehr als 2.000 Bäumen des Rosensteinparks. Stellen Sie sich neben den fast 6 m dicken Stamm und schauen Sie in die Krone hinauf, die von rund 30 tentakelartig ausgreifenden Ästen gebildet und mit zunehmendem Alter immer breiter wird – ein wirklich beeindruckender Anblick!

Die **grüne Insel auf dem Rosenstein** *mitten im Stuttgarter Stadtgebiet ist ein* **beliebter Erholungsraum***, der zudem wichtige* **stadtklimatische Funktionen** *erfüllt und* **Lebensraum für zahlreiche Tier- und Pflanzenarten** *bietet. Allein bei den Bäumen sind rund 60 verschiedene Arten vertreten, fast 700 Exemplare sind aus der ursprünglichen Pflanzung von 1826 noch vorhanden.*

Am Rundweg geht es entgegen dem Uhrzeigersinn nun zunächst vorbei an einem Trompetenbaum und drei stattlichen Zerreichen, dann erreichen wir die **Salucci-Allee**, eine aus 20 Bäumen bestehende Doppelreihe rotblühender **Rosskastanien** *Aesculus X carnea* 13. Die nach dem königlichen Hofarchitekten Giovanni Salucci benannte Allee hat inzwischen etliche Ausfälle zu beklagen, ist aber immer noch ein in dieser Form seltener und historisch bedeutsamer Baumplatz.

Kurz vor dem Schloss biegen wir nach rechts ab und gehen ein Stück den Hang hinab, wo ein **Riesenmammutbaum** *Sequoiadendron giganteum* 14 den südöstlichen Eckpunkt des Parks bildet. 1865 gepflanzt, ist er hier nicht nur der letzte seiner Art, sondern überhaupt der einzige Nadelbaum auf dem Rosenstein – König Wilhelm I. mochte weder Birken noch Nadelbäume und hat deren Pflanzung verboten (nur bei den Sequoien machte er wohl eine Ausnahme). Leider ist der Stammfuß des Rosenstein-Exemplars metertief im aufgeschütteten Erdboden verschwunden, was sein typisches Erscheinungsbild doch merklich beeinträchtigt.

Auf dem Weg zurück zum Schloss auf östlicher Seite sollten wir eine schöne Robinie und zwei prächtige Blutbuchen beachten, die den Zugang zum Rosengarten verschönern. Die östliche Ecke des Schlosses wird – ebenso wie auf südlicher und westlicher Seite – von einer eindrucksvollen **Platanengruppe** *Platanus X hispanica* besetzt ⑮. Trotz einer Höhlung am stärksten Exemplar sind alle drei Bäume in gutem Zustand.
Ob auch die Nordseite des Schlosses einst von Platanen beschattet war, kann nur vermutet werden – heute nimmt dort eine schon recht alte, vierstämmige Robinie diesen Platz ein. Auf dem Rundweg geht es nun weiter, zunächst vorbei an einer Hängebuche, an fünf in Reihe stehenden Schwarznussbäumen und vier Platanen, ehe wir direkt am Weg auf zwei urtümliche Baumgestalten treffen. Die beiden 200-jährigen **Robinien** *Robinia pseudoacacia* ⑯ haben ihre Kronen weitgehend eingebüßt, doch immerhin treiben die dicken, knorrigen Arme wenigstens teilweise wieder aus. Die mächtigen Stämme sind von sehr grobrissiger, tief gefurchter Borke bedeckt – kaum eine andere Baumart schafft es wie die Robinie, allein dadurch den Eindruck biblischen Alters zu erwecken.

15

Dort, wo man auf der rechten Wegseite in einige Tiergehege der Wilhelma schauen kann, breiten links des Weges vier **Schwarznussbäume** *Juglans nigra* 17 ihre breiten Kronen aus. Vor allem im Herbst ist das in strahlendem Gelb leuchtende Laub des nordamerikanischen Walnuss-Verwandten ein fantastischer Anblick! Legen Sie sich eine Weile ins Gras und genießen Sie das Spiel von Licht und Farbe, das sich in den Kronen der Schwarznüsse zeigt.

Weiter auf dem Rundweg entdecken wir rechts die Baumruine der bereits erwähnten Esche. Bei einer sehr starken Zerreiche machen wir einen Abstecher nach links zum *Pumpsee*, dem Wasserreservoir der Wilhelma. Am östlichen Ufer können wir einen sehr seltenen Baum aus der Nähe betrachten, der bezüglich Alter und Größe wahrscheinlich einmalig ist in Baden-Württemberg – es ist ein **Weißer Maulbeerbaum** *Morus alba* 18. Die Blätter des aus China stammenden Baumes wurden dort schon seit Jahrtausenden zur Seidenraupenzucht verwendet. Der deutlich schief stehende Stamm zeigt erhebliche Beschädigungen, und doch ist die Belaubung der kleinen, breiten Krone sehr dicht. Auch dieser bedeutende Rosensteinbaum dürfte kurz vor seinem 200. Geburtstag stehen.

Wir umrunden den See, bis wir auf den diagonal verlaufenden Weg treffen, dem wir dann nach rechts folgen. Dabei stoßen wir rechter Hand auf eine

dreistämmige Ulme, die ebenso wie ihre Verwandte nahe des Südwegs am Stammfuß eine mit Eisenstangen überbrückte Öffnung aufweist. Die kleineren, schmaleren und nicht rauen Blätter weisen sie als **Flatterulme** *Ulmus laevis* aus 19. Der Baum des Jahres 2019 gilt als am wenigsten anfällig für den vom Ulmensplintkäfer übertragenen Pilz, der den Ulmen in ganz Europa seit gut 100 Jahren schwer zusetzt. Zwei ihrer Hauptachsen sind im Bereich eines Astausbruchs miteinander verwachsen.
Wir sind nun schnell wieder am Rundweg und besuchen zum Abschluss unserer Tour eine Gruppe von **Zerreichen** *Quercus cerris* 20, die man zusammen mit den Schwarznüssen als die Charakterbäume des Rosensteinparks bezeichnen könnte. Das stärkste Exemplar, mit großer, schmaler Stammhöhlung und vier weit ausgreifenden Hauptästen, ist zusammen mit der Pyramideneiche am Schloss der dickste Baum im Park. Die im östlichen Mittelmeerraum beheimatete Zerreiche ist ein extrem robuster Baum – ihre dunkle Borke besonders dick und hart, die Blätter derb-ledrig, und das Holz im Kern noch zäher und härter als das der Stieleiche. Den breiten, Schatten spendenden Kronen der Zerreichen werden wir in Zeiten des Klimawandels zukünftig sicher noch häufiger begegnen.

WILHELMA

DIE ALHAMBRA AM NECKAR

Der älteste Magnolienhain nördlich der Alpen, das berühmte Mammutbaum-Wäldchen, mehrere riesige Platanen und viele weitere Baumpersönlichkeiten prägen die einzigartige historische Atmosphäre der Wilhelma.

Schon wenige Schritte nach dem Haupteingang gilt unser Augenmerk der gewaltigen Krone einer **Ahornblättrigen Platane** *Platanus X hispanica* ❶. Der nahe des Flamingogeheges stehende Baumriese ist möglicherweise das zweitstärkste Exemplar seiner Art in ganz Baden-Württemberg – und auf jeden Fall der dickste Baum der Wilhelma. Das Stammmaß von 6,80 m im Umfang wird meines Wissens nur noch von der Hohenheimer Franziska-Platane übertroffen (Bild S. 126). Etwa um 1650 ist diese Baumart aus der Kreuzung zwischen Morgenländischer und Abendländischer Platane entstanden, und gerade in Stuttgart ist diese abgastolerante Hybridform vielerorts geradezu stadtbildprägend. Wir werden später in der Wilhelma noch einige weitere, ebenfalls schon rund 180-jährige Platanenveteranen kennenlernen.

Gleich benachbart, vor der historischen *Gewächshauszeile*, treffen wir auf zwei **Ginkgobäume** *Ginkgo biloba* ❷, die wahrscheinlich auch um 1850 gepflanzt wurden und zu den bedeutendsten ihrer Art in Deutschland zählen. Seit Jahrtausenden ist

◂ Im Herzen der Wilhelma – der Magnolienhain

2,8 km

ca. 3,5 h

70376 Stuttgart, Wilhelma 13

48° 80‘ 41.11“ N
9° 20‘ 80.99“ E
Stadtbahn-Haltestelle Wilhelma (U14), Wilhelma-Parkhaus

www.wilhelma.de

Tier- und Pflanzenwelten in beeindruckenden Präsentationen

Wilhelma-Restaurant, Kiosk und Höhen-Café Belvedere, Restaurant am Schaubauernhof

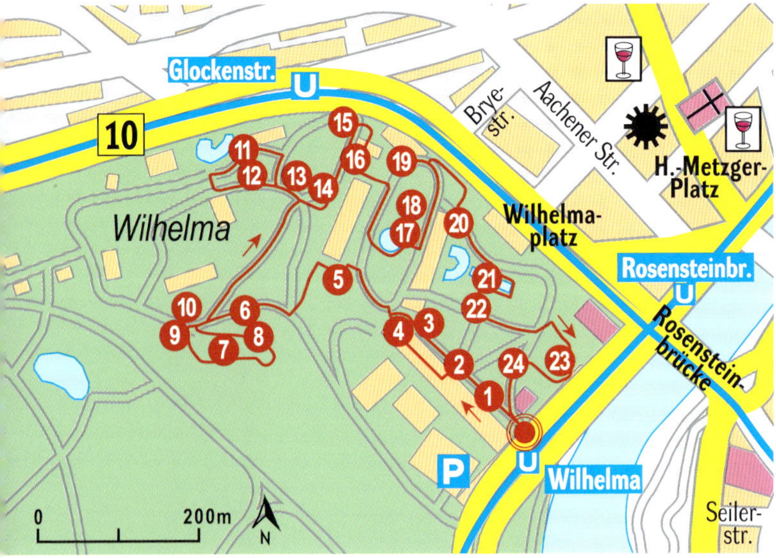

der Ginkgo in China und Japan als Tempelbaum und Heilpflanze bekannt, und nicht zuletzt aufgrund seiner unfassbaren Beständigkeit gilt er vielen Menschen als Symbol des Lebens schlechthin. Das erste Grün, das sich 1945 nach dem Atombombenabwurf von Hiroshima zeigte, war angeblich ein austreibender Ginkgobaum. Kein Wunder also, dass sich dieses ‚lebende Fossil' in den letzten Jahren auch als Stadtbaum steigender Beliebtheit erfreut.

Rund 50 Meter nordwestlich der beiden Ginkgos besuchen wir einen Baum mit außergewöhnlicher Wuchsform: Wie eine Riesenkrake reckt er seine ersten Äste nach außen, so weit, dass sie sich am Erdboden ablegen und von dort wieder bogenförmig nach oben wachsen. Es ist eine **Gurkenmagnolie** *Magnolia acuminata* ❸, die ebenfalls zum ursprünglichen Baumbestand zählt (1850). Der deutsche Name bezieht sich auf die länglichen, zunächst grünen, später rot gefärbten Balgfrüchte. In ihrer nordamerikanischen Heimat wächst die Gurkenmagnolie in Gesellschaft von Tulpenbäumen, Hickorys, Ahornen und Schwarznussbäumen – allesamt im Herbst mit farbenprächtigem Blätterkleid.

Wer sich die bedeutende **Kameliensammlung** ❹ im Gewächshaus nicht entgehen lassen möchte (einige der zwischen Dezember und März blühenden Kleinbäume sind bereits mehr als 170 Jahre alt!) geht am besten ein Stück zurück bis zu den Gingkos und dort in die Gewächshäuser. Deren letzter Abschnitt beherbergt die Kamelien von Oktober bis Mai, während der Sommermonate ist hier die Fuchsiensammlung untergebracht.

Am Ende des Gewächshauses geht es nach links die Treppe hinauf und dann ein Stück durch den überdachten *Wandelgang*. Am Ende der Biegung geht es links durch den *Südpavillon* die Stufen hinauf, danach entdecken wir auf der linken Seite einen weiteren, sehenswerten **Ginkgobaum** ❺ – er ist noch nicht so stark wie die beiden bereits besuchten, zählt aber gleichfalls zur ersten Baumgeneration der Wilhelma.

Vor den *Subtropenterrassen* wenden wir uns nach links und gehen an den Volieren von Geier, Uhu, Bartkauz und Seeadler vorbei – hier kommen wir in den Bereich des *Koniferentals*. In dem Geländeeinschnitt zum Rosensteinpark hinauf pflanzte man bereits ab 1851 sehr viele verschiedene, teils exotische Nadelbaumarten. Wir begegnen heute allerdings in der Mehrzahl Bäumen, die in späterer Zeit nachgepflanzt wurden. Aus dem Originalbestand stammt wahrscheinlich noch der **Riesenlebensbaum** *Thuja plicata* 6 ein gutes Stück oberhalb der Seeadler. Die schwachen, aber lang herauswachsenden Tiefäste haben als Absenker zu neuem Baumleben geführt – nach deren Verwurzelung am Boden sind daraus schon einige recht starke, eigenständige Nachkommen entstanden. Der noch mit ihnen verbundene Zentralstamm der aus dem westlichen Nordamerika stammenden Baumart zeigt die typische, feingefaserte, zimtfarbige Borke, und an den Zweigen sieht man die im Herbst braunen, länglichen Zapfenfrüchte.

Oben angekommen, biegen wir gleich scharf links auf den Rindenmulchweg ab und genießen anschließend die ganz eigene Atmosphäre des berühmten *Mammutbaumwäldchens*. Rund 60 Exemplare des **Berg-** oder

Riesenmammutbaums *Sequoiadendron giganteum* ❼, viele davon noch aus der Pflanzzeit 1865, sind hier inzwischen – mit einer Ausnahme – mit einem Stahldraht umgeben. Das ‚California-Feeling' ist dadurch zwar etwas geschmälert, aber offenbar hat der rege Besucherverkehr zu einer zunehmenden Bodenverdichtung geführt, die sich nachteilig auf die Wasserversorgung auswirkt.

Kurz bevor wir den schönen Aussichtspunkt über dem Steinbockgelände erreichen, werfen wir noch einen Blick auf insgesamt sechs Exemplare des **Küstenmammutbaums** *Sequoiadendron sempervirens* ❽, deren Nadelkleid leider bereits deutliche Trockenschäden erlitten hat. In ihrer Heimat Kalifornien erreichen die auch unter dem Namen „Redwood" bekannten Bäume mit über 115 m die größten Wuchshöhen aller Baumarten weltweit.

Weiter umrunden wir den *Sequoiawald* im Uhrzeigersinn und treffen vor dem Westrand auf ein einzeln stehendes Sequoia-Exemplar ❾ mit arttypischem Kronenbau – und hier darf man die dicke und doch so leichte, warme Borke des Baumes auch mit den Händen erspüren.

Was die ***Wilhelma*** *anbelangt, so ist der Bekanntheitsgrad des zoologischen Teils mit den Seelöwen, Elefanten und Menschenaffen bei Weitem größer als der des botanischen Teils. Unter den zahllosen* ***Sehenswürdigkeiten des Pflanzenreichs*** *gibt es jedoch eine ganze Reihe von großartigen Baumveteranen, die hier einmal ganz im Mittelpunkt stehen dürfen.*

Bevor wir uns auf den Weg in den Nordteil der Wilhelma machen, suchen wir noch einen gut versteckten Baumriesen auf: Ziemlich eingewachsen und vor allem von einer Scheinzypresse, die in ihre Krone hineinwächst, abgeschirmt, ist eine mächtige **Esche** *Fraxinus excelsior* noch erhalten ❿.

Nun geht es wieder ein Stück das *Koniferental* hinab, gleich aber wieder links in Richtung der Elefanten- und Raubtiergehege. Unterwegs kommen wir am *Café Belvedère* vorbei, wo man sich bei herrlicher Aussicht ein wenig stärken kann. Die sich anschließende kleine Runde um die Liegewiese führt zu den Elefanten und am Löwengehege vorbei. Direkt am

14

16

◂ Das Belvedere thront oberhalb einer mächtigen Stützmauerkonstruktion

Wiesenrand, vor der ehemaligen Schneeleoparden-Anlage, beeindruckt dann ein alter **Feldahorn** *Acer campestre* ⓫ mit herrlich ausgeprägtem Stammfuß. Etwas weiter im Hintergrund der Liegewiese verdient eine ebenso schöne **Robinie** *Robinia pseudoacacia* ⓬ Beachtung.

Am Ostrand der Wiese kommen wir am Gepardengehege vorbei, in dem ein großer Tulpenbaum eine gute Figur macht. Hinter dem Gehege bilden zahlreiche Koniferen den dunkelgrünen Abschluss der *Subtropenterrassen*, dem vielleicht schönsten Abschnitt der Wilhelma. Aus diesem kleinen Nadelwald ragt eine sich gabelnde **Schwarzkiefer** *Pinus nigra* heraus ⓭, eine bezüglich des Untergrunds anspruchslose, aber lichtbedürftige Kiefernart, die aus dem Mittelmeerraum zu uns eingewandert ist. Als namensgebendes Merkmal gelten die sehr dunklen, zunächst verdeckten Teile der Zapfenschuppen, die erst sichtbar werden, wenn sich die Kiefernzapfen öffnen.

Wenn wir am *Belvedère*-Aussichtspunkt in den nach Osten abfallenden, terrassierten Hang absteigen, können wir im Rückblick gut erkennen, dass die Bepflanzung mit dunklen Eiben und Schwarzkiefern an der Hangoberkante bewusst gewählt wurde, um den historischen Wilhelmabereich zum Rosenstein hin optisch abzugrenzen. Um den zentralen Halbrundplatz der nächsttieferen Ebene sind einige Echte Zypressen angeordnet, die hier das passende Toskana-Flair aufkommen lassen. Die meiste Aufmerksamkeit auf dieser Stufe dürften wohl die verschiedenen Papageien- und Sitticharten erhalten, die sich in den Vogelvolieren zum Teil recht lautstark zu Wort melden. Beachtenswert sind jedoch hier auch rund 20 **Kornelkirschen** *Cornus mas* ⓮, die entlang der Stufenkante aufgestellt sind. Die kugelförmig geschnittenen Hartriegelgewächse verfügen über das härteste und schwerste Holz aller europäischen Baumarten – es geht in Wasser sogar unter. Und sie sind deutlich älter als es den Anschein hat: Ein Menschenleben haben sie schon längst hinter sich (gepflanzt um 1882). Am nördlichen Ende der Subtropenterrassen kommen wir an einer großen **Zwillings-Kastanie** *Aesculus hippocastanum* vorbei ⓯, danach geht es im Bogen nach rechts zurück in die untere Ebene der Terrassenanlage. Hier sind wir im Bereich der ursprünglichen Zufahrt zum königlichen Landhaus, die schon vor 1856 als Allee gestaltet wurde. Ungewöhnlich ist hier die Baumart: Noch um 1960 waren hier rund 30 **Amerikanische** und **Chinesische Gleditschien** *Gleditsia triacanthos / sinensis* (16) aus dem Originalbestand anzutreffen. Heute finden wir kurz nach der Unterquerung des *Hauses der Niederen Affen* auf der rechten Seite zwei Exemplare, zuerst eine Chinesische, dann eine Amerikanische Gleditschie. Die nach dem Berliner Botaniker Johann Gleditsch benannten Bäume sind an den spießartigen, langen Dornen gut erkennbar, die an den Zweigen, aber auch direkt aus der Borke wachsen.

Bei zwei weiteren Altbäumen dieser Gattung – diesmal links des Wegs – biegen wir nach links ab und gelangen über das *Obere Parterre* durch den *Nördlichen Pavillon* in das Herzstück der Wilhelma, den *Inneren* oder *Maurischen Garten*. Seine Form ist einer römischen Pferderennbahn nachempfunden, die hier genau im rechten Winkel zur Hauptachse der historischen Gesamtanlage geplant wurde. Der große Seerosenteich, den wir umrunden, ist der Schnittpunkt beider Achsen. Zur Blütezeit des größten Magnolienhains Europas nördlich der Alpen – Anfang April – begeistern hier rund 70 Bäume in 23 Arten und Sorten (17). Etwa ein Dutzend Exemplare stammen noch aus der Bestellung von 1844. Im großen Bild rechts sind die zartrosa Blüten einer **Tulpenmagnolie** *Magnolia soulangiana* zu sehen. Als Farbkontrast wurden dann um 1862 **Eiben** *Taxus baccata* gepflanzt (18), die zunächst in Säulenform, viel später erst zu den heutigen, breiten, kuppelartigen Formen geschnitten wurden.

Am nördlichen Scheitelpunkt verlassen wir den Magnoliengarten und gehen für einen kurzen Abstecher nach links bis zu einem am Stamm buchenartig aussehenden, mittelgroßen Baum links am Weg. Trotz seines Namens *Celtis australis* ist der seltene **Südliche Zürgelbaum** (19) nicht in Australien zuhause, sondern vom südlichen Europa bis nach Nepal. Die zuerst grünen, später roten, kugeligen Früchte sind essbar.

Wir kehren nun wieder um und gehen am *Südamerikahaus* entlang, danach rechts an einem Kiosk vorbei bis zu einer der typischen, halbrund erweiterten Abzweigungen. Hier begegnen wir wieder einer mächtigen **Wilhelma-Platane** *Platanus X hispanica* (20), in diesem Fall mit besonders

heller, glatter Borke und vier baumdicken Stämmlingen, die bis in 35 m Höhe hinaufreichen. Kurz danach erreichen wir den *Langen See*, an dem die Paradies- und Kronenkraniche und die Pelikane sicher mehr Aufmerksamkeit erhalten als die kleinen, fast unscheinbaren **Platanen** *Platanus X hispanica* 21, die ihn als Alleebäume umgeben. Die Besonderheit dieser doppelten Baumreihen besteht darin, dass sie durch den Formschnitt in einer sehr kleinen Kronenform gehalten werden.
Ihre Vorgänger mussten diese Prozedur von etwa 1850 bis 1977 ertragen. Die heutigen Bäume wurden 1977 gepflanzt.
Parallel zum *Langen See* verläuft südlich und nördlich von ihm ebenfalls je ein historischer Alleenweg: Die zum Teil aus **Amerikanischen Linden** *Tilia americana* 22 bestehende Allee ist mit zahlreichen großen Horsten der Wohnsitz einer Reiherkolonie. Die hoch gewachsenen Linden sind zum Teil auch bereits rund 170 Jahre alt, viele der ursprünglichen Exemplare mussten im Laufe der Zeit nachgepflanzt werden.

Der Mittelpunkt des Magnolienhains – der Seerosenteich ▶

Die Baumwanderung durch die Wilhelma verläuft nun vor dem *Amazonia-Restaurant* vorbei wieder nach Süden bis zum Rundgehege der Riesenkänguruhs. Hier spendet eine weitere, riesige **Platane** *Platanus X hispanica* (23) viel Schatten für die Bewohner. Ein idealer Standort für eine derart imposante Baumpersönlichkeit – und dazu absolut menschensicher!
Ein besonderes Highlight wartet am Schluss auf uns: Die große, begehbare Freifluganlage für allerlei Vögel, die man sonst nirgendwo so direkt erleben kann. Taranta-Papageien, Seidenturakos, Glanzstare und ein halbes Dutzend weitere Vogelarten bevölkern hier einen der schönsten Teilbereiche der Wilhelma. Im Zentrum steht eine große Esche wie ein Schiffsmast, an ihr sind die allseitig ausgebreiteten Volieren-Netze befestigt. Direkt nach dem südlichen Ausgang der Freifluganlage wird der vielleicht mächtigste **Baumhasel** *Corylus colurna* Deutschlands (24) trotz seiner Größe allzu leicht übersehen. Aus einem bestimmten Blickwinkel erkennt man, dass der Baum nicht nur über zwei bolzengerade, starke Steilachsen verfügt (was absolut arttypisch ist), sondern noch einen dritten, waagerecht abgehenden Tiefast besitzt. Dies macht den etwa 170-jährigen *Türkischen Hasel* vollends zu einer herausragenden Baumgestalt.

VILLA BERG

LUSTSCHLOSS IM ABSEITS

Die Villa Berg, Sommerresidenz des württembergischen Kronprinzenpaares Karl und Olga, liegt seit vielen Jahren im Dornröschenschlaf. Doch im angrenzenden Park lassen sich bei einem schönen Spaziergang botanische Schätze entdecken.

Startpunkt ist der südliche Zugang zum Park, wo die Ostendstraße auf die Sickstraße trifft. Wir gehen ein Stück gerade hinein und nehmen dann gleich den ersten Weg links, der auf der Südwestseite um den Villenhügel herumführt. Auf der linken Seite kommen der Turm der Heilandskirche und das Dach des Karl-Olga-Krankenhauses in den Blick, am Horizont grüßen Frauenkopf- und Fernsehturm. Rechts am Hang fällt eine schon ältere **Robinie** *Robinia pseudoacacia* auf ❶, deren talseitige Äste zum Teil leider gekürzt wurden. Doch so wirkt der Stamm mit seiner sehr grob gefurchten Borke umso wuchtiger und beeindruckender.

Nach etwa 100 Metern stehen wir am Fuß des bereits fertig renovierten historischen *Rosengartens*, der sich bis zum *Garten-Belvedere* den Hang hinaufzieht. Ein großer Nadelbaum mit bläulich schimmernden Nadelbüscheln ziert die zuerst erreichte Ecke: Es ist eine **Blaue Atlaszeder** *Cedrus atlantica ‚Glauca‘* ❷, ursprünglich im Atlasgebirge Nordafrikas beheimatet und seit etwa 150 Jahren auch in wintermilden Gebieten Europas als Zierbaum gepflanzt.

◀ Die Villa Berg – ein Schmuckstück im Dornröschenschlaf

2,3 km

ca. 1,5 h

70190 Stuttgart, Sickstraße 48

48° 79‘ 06.13“ N
9° 20‘ 65.09“ E
Stadtbahn-Haltestelle Bergfriedhof (Hackstraße) (U4, U9)

www.stuttgart-meine-stadt.de/villa-berg/

Sehenswerter Park um die (noch) nicht zugängliche Landhausvilla

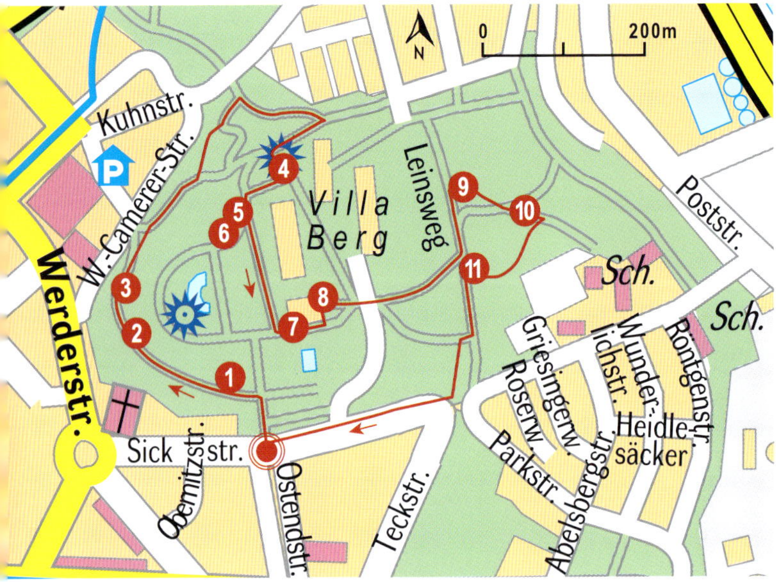

So alt ist unser Exemplar nicht, aber immerhin von beachtlicher Stärke. Außerdem gehört diese Baumart zu den gefährdeten Pflanzenarten, sie steht auf der Roten Liste.

Auch die Nordwest-Ecke des Rosengartens ist mit einem großen Baum geschmückt, der allerdings durchaus aus der Erbauungszeit der Villa stammen dürfte – es ist eine mächtige **Traubeneiche** *Quercus petraea* 3. Ihr Ende April gerade austreibendes, hellgrünes Laub steht in reizvollem Kontrast zur sehr dunklen Borke des 4 m im Umfang messenden Stammes. Nach der Eiche gehen wir den kleineren Weg halbrechts weiter, vorbei an einigen Rosskastanien und einer recht großen Esche, und befinden uns am Rand einer offenen Parkwiese. Wenn wir uns an der folgenden Gabelung links halten, gelangen wir in den Übergangsbereich zum Unteren Schlossgarten – dieser Parkteil ist mit bunten Staudenbeeten bepflanzt und mit dem „Buschpiloten“ steht auch eine Einkehrmöglichkeit zur Verfü-

1

3

gung – hier kann man wie im eigenen Garten sitzen. Wir gehen weiter am Parkrand entlang, und nahe des ehemaligen SWR-Gebäudekomplexes wieder scharf rechts zurück. Bald zweigt nach links ein Treppenweg in die nächst höhere Geländestufe ab. Oben angekommen, stehen wir vor einem prächtigen Exemplar einer **Ahornblättrigen Platane** *Platanus X hispanica* ❹. Der wunderschöne, mehr als 4 m starke Baum wird hoffentlich nicht in Mitleidenschaft gezogen, wenn die nahen Gebäude des SWR voraussichtlich bis Ende 2020 abgebrochen werden.

Nun geht es zunächst nach Westen, dann nach Süden, also links. Nach wenigen Schritten sollten wir rechts am Wegrand eine **Flatterulme** *Ulmus laevis* ❺ beachten – es ist der Baum, dessen gefurchter Stamm sehr viele kleine Austriebe zeigt. Wir werden später noch einem zweiten Exemplar dieser seltenen Baumart begegnen. Ebenso wie die benachbarte **Eibe** *Taxus baccata* ❻ dürfte auch die Ulme um 1850 gepflanzt worden sein. Die Eibe ist dreistämmig und für einen so langsam wachsenden Baum von beachtlicher Größe.

5

6

7

Als nächstes schauen wir die Villa selbst an, die sich mit ihrer Westfassade präsentiert. Anschließend kommen wir dann auf die Südseite, wobei wir einem großartigen **Japanischen Schnurbaum** *Styphnolobium japonicum* Beachtung schenken sollten ❼. Seine gefiederten Blätter entwickeln sich Ende April, doch die nektarreichen Blüten öffnen sich erst im August und sind deshalb vor allem für Bienen von besonderer Bedeutung. Auch die wiederum eigenständig gestaltete Ostfassade wurde mit einem ganz besonderen Baum geschmückt, dessen Ursprung ebenfalls in Fernost liegt: Es ist ein **Blauglocken-** oder auch **Kaiserbaum** *Paulownia tomentosa* ❽. Gut erkennbar ist der Kaiserbaum an seinen blau-violetten Blütenständen und den sehr großen, herzförmigen Blättern. Über den

Auf einem alten Weinberg war die ***historische Villa*** *nach schweren Kriegsschäden, dem Wiederaufbau durch den damaligen SDR (heute SWR) und nach weiteren Besitzerwechseln dem Verfall preisgegeben. Doch bald soll wieder Leben einkehren in das marode Gemäuer. Bis 2023 soll hier ein „Haus der Musik und mehr" entstehen.*

Winter bleiben die braunen Fruchtkapseln bis zur neuen Blüte an den Zweigen. Die Baumart zeichnet sich außerdem durch ein extrem schnelles Wachstum aus – unser Exemplar ist trotz seiner imposanten Erscheinung wohl kaum älter als 70 Jahre.
Von der Villa aus geht es in östlicher Richtung über einen schmalen Steg und, an der Krokuswiese sowie einem Kinderspielplatz vorbei, in den weiträumigen Ostteil des Parks.
Unweit rechts des nach den Blumenrabatten in nördlicher Richtung führenden Weges treffen wir auf eine **Rosskastanie** *Aesculus hippocastanum* von spektakulärer Größe ⑨. Eine 30 m hohe Baumkrone, über und über mit weißen Blütenständen bedeckt, ist ein großartiger Anblick. Mit seinem Stammumfang von 4,36 m zählt der Kastanienriese sicher zu den größten seiner Art in ganz Stuttgart. Sein Alter könnte bei 170 Jahren liegen.
Wir gehen nun ein kurzes Stück zurück bis zum nächsten Querweg, der in östlicher Richtung zu einem weiteren Highlight des Parks führt: Die große **Blutbuche** *Fagus sylvatica f. purpurea* ⑩ ist mit ihrer riesigen roten Kuppelkrone zumindest in der Vegetationszeit kaum zu übersehen.
Wenn wir bei ihr dann den südlichen Weg zur Krokuswiese nehmen, erreichen wir diese bei der schon erwähnten zweiten **Flatterulme** ⑪. Sie ist sogar noch etwas stärker als das westliche Exemplar und zeigt denselben Austrieb kleiner Zweige aus den für Ulmen so typischen Stammknospen. Entlang der Krokuswiese führt der Weg wieder zur Sickstraße zurück.

10

10

SCHLOSSGARTEN

STUTTGARTS GRÜNES HERZ

Das Herzstück der Stuttgarter Grünanlagen ist der dreigeteilte Schlossgarten, in dessen mittlerem Teil viele Bäume dem Bahnprojekt Stuttgart 21 weichen mussten. Der Großteil des bedeutenden Baumbestandes ist jedoch erhalten geblieben.

Die U-Bahn-Station am Charlottenplatz verlassen wir in Richtung *Akademiegarten*, und schon nach wenigen Minuten haben wir den **Löwenbrunnen** ❶ und damit den Startpunkt unserer Schlossgartentour erreicht. Der kleine Platz ist von sieben großen Platanen umgeben – ein schöner Vorgeschmack auf die vielen mächtigen Bäume dieser Art, denen wir als Charakterbäume der Schlossanlagen begegnen werden.

Wenn wir zwischen Landtag und Neuem Schloss hindurchgegangen sind, schauen wir links um die Ecke der Schlossfront und finden einen sehr seltenen Parkbewohner, den es in dieser Altersklasse (rund 80 Jahre) wohl nirgendwo sonst im Stuttgarter Raum geben dürfte: Es handelt sich um einen **Westlichen Zürgelbaum** *Celtis occidentalis* ❷, der sich von seinem Verwandten in der Wilhelma, dem Südlichen Zürgelbaum, hauptsächlich durch den grobrissigen, im Alter warzigen Stamm unterscheidet. Vielleicht werden wir dem aus dem östlichen Amerika stammenden Baum aufgrund seiner Toleranz gegenüber Frost und Trockenheit in Zukunft etwas häufiger begegnen.

◂ **Beeindruckende Platanenriesen am Parksee**

7,3 km

ca. 3,5 h

70173 Stuttgart, Dorotheenstraße 6

48° 77' 62.17" N
9° 18' 07.10" E

Stadtbahn-Haltestelle Charlottenplatz (U1, U2, U4, U9, U12, U14);
Parkplatz an der Dorotheenstraße

de.wikipedia.org/wiki/Schlossgarten_(Stuttgart)

Großbaustelle S21 im Bereich Planetarium

Biergarten und Café am Nil im Mittleren Schlossgarten;
Imbiss im Unteren Schlossgarten

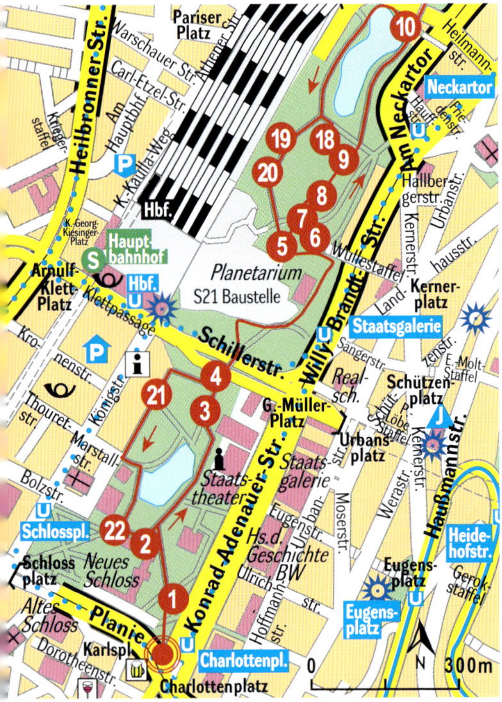

Anschließend kommen wir zum Eckensee und gehen an dessen östlicher Seite entlang – hier sind wir im *Oberen Schlossgarten*, dem kleinsten Teil der Gesamtanlage. Er wird im Wesentlichen geprägt durch die architektonisch reizvollen Fassaden von Neuem Schloss und der Stuttgarter Staatsoper, sowie dem davor liegenden *Eckensee* mit seiner hohen Fontäne. Gegenüber des Rundbaus der Stuttgarter Staatstheater erreichen wir ein zweites dendrologisches Highlight – zwei außergewöhnlich starke **Robinien** *Robinia pseudoacacia* ❸. Die voll belaubten Kronen der annähernd 180-jährigen Bäume des Jahres 2020 sind trotz Einkürzung noch immer von eindrucksvoller Größe, und die grob gefurchten Stämme besitzen eine ganz besondere Ausstrahlung. Am schönsten präsentieren sich die hartholzigen 'Amerikaner' im dichten, weißen Blütenkleid des Frühlings. Einige Meter weiter steht ein ursprünglich in China beheimateter Baum mit sehr großen Fiederblättern und relativ glattem, grauen Stamm. Es ist ein **Götterbaum** *Ailanthus altissima* ❹, dessen Artname auf himmelhohen Wuchs schließen lässt. In diesem Fall aber hat der schnell wachsende Baum auch eine über 20 m breite Krone ausgebildet. Der Götterbaum hat sich seit 1740 in allen gemäßigten Zonen der Erde ausgebreitet, er gilt als invasive Art und ist deshalb vielerorts

nicht so gerne gesehen. Auf dem *Ferdinand-Leitner-Steg* überqueren wir zunächst die mehrspurige Straße der Schillerstraße, und erreichen über dessen linken Arm dann ein kleines Parkstück, das aufgrund seines Status als Juchtenkäfer-Habitat aus dem nun folgenden Baustellenbereich ausgespart wurde. Insgesamt 284 ehemals hier wachsende Bäume mussten dem Bauprojekt Stuttgart 21 weichen – die Mehrzahl der kleineren Bäume wurde in andere Teile des Stadtgebiets verpflanzt.
Am Planetarium vorbei sind wir nach der Baustelle bald wieder im grünen Teil des *Mittleren Schlossgartens*. Hier gehen wir gleich nach links auf den nahe gelegenen Biergarten zu und besuchen drei Ausnahmebäume, die kurz davor ins Auge fallen. Zunächst überrascht ein **Feldahorn** *Acer campestre* **5** mit zwei weit ausgreifenden Tiefästen, die mit Seilen an der Zentralachse gesichert sind. Sie verhelfen der normalerweise eher kleinwüchsigen Baumart zu einer Kronenbreite von 22 m. Um den Feldahorn von anderen Ahornarten zu unterscheiden, schaut man sich am besten die geflügelten Früchte an, die sich hier in gerader Linie gegenüberstehen, während sie bei allen Verwandten einen mehr oder weniger großen Winkel bilden.

3

4

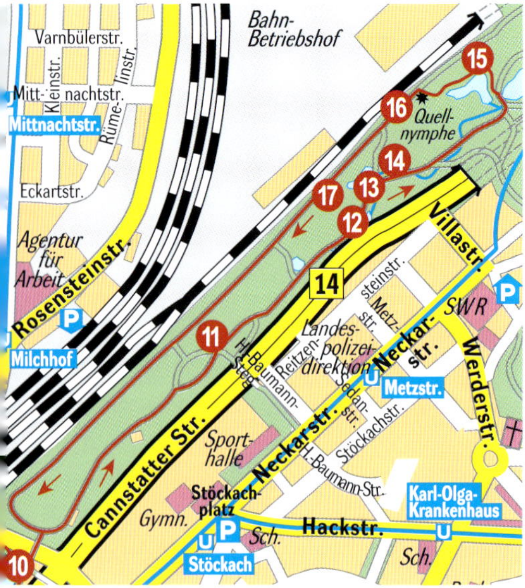

In direkter Nachbarschaft ist die eiförmig aufragende und dicht geschlossen wirkende Baumkrone einer **Pyramideneiche** *Quercus robur 'Fastigiata'* **6** nur schwer zu übersehen. Der prächtige, vielleicht 130-jährige Baum ist ein tolles Einzelstück im Stuttgarter Schlossgarten. Bemerkenswert sind die vielen kleinen und dunklen Borkenaufbrüche, wo die sogenannten „schlafenden Augen" kleine Zweige austreiben.

Den dritten Baum im Bunde, etwa 50 Meter nordwärts anzutreffen, kennt man aus den Sumpfgebieten Floridas, den Everglades. Und aus dieser Region stammt sie auch, die **Echte Sumpfzypresse** *Taxodium distichum* **7**. Man erkennt den langsam wachsenden Baum an den feinen, grünen Nadeln, die im Herbst braun verfärbt mit dem ganzen Zweig abfallen. Wie man sieht, kommt die Sumpfzypresse auch mit trockeneren Standorten zurecht, und das Schlossgarten-Exemplar ist mit seinen rund 150 Lebensjahren zu einem richtigen Baumriesen herangewachsen.

Wir überschreiten den vorbeiführenden Querweg und gehen auf eine mächtige Platane zu, biegen kurz vorher aber rechts ab und folgen dem Parallelweg bis zu einem weiteren **Feldahorn** *Acer campestre* **8**, der mit bald 200 Jahren zu den ältesten Gewächsen hier im Schlossgarten zählen dürfte. Trotz eines aufgerissenen, hohlen Stammes hat sich der zähe Baumgreis noch eine kleine, dichte Krone bewahrt. Von hier aus sehen wir hinüber zu den Ruinen des ehemaligen Lusthauses, das bereits Ende

des 16. Jahrhunderts im Auftrag von Herzog Ludwig errichtet und später zum Opernhaus und Hoftheater umgebaut wurde. Nach einem Brand 1904 wurden die übriggebliebenen Gebäudeteile eines der bedeutendsten Renaissance-Bauwerke nördlich der Alpen an den heutigen Standort gebracht. Den kleinen Weg weitergehend, erreichen wir bei den Wasserspielen einen Parkbewohner, der aufgrund seiner Seltenheit Beachtung finden sollte: Wo unser kleiner Weg auf einen Querweg trifft, entdecken wir ein überaus großes Exemplar einer **Westlichen Balsampappel** *Populus trichocarpa* ❾. Die aus dem westlichen Nordamerika eingewanderte, bis 35 m hoch werdende Baumart erkennt man am besten an ihren recht großen Blättern, die auf der Oberseite kräftig grün, unterseits dagegen deutlich heller, fast weißlich erscheinen. Der viele Schösslinge treibende Stamm zählt mit seinen knapp 4 m Umfang zu den stärksten seiner Art in Baden-Württemberg – vielleicht sogar ein echter Champion, auch wenn das Alter erst bei 70 bis 80 Jahren liegen dürfte.

Im Zuge der Bauarbeiten für das **Großprojekt S21** *wurden fast 300 Gehölze versetzt oder gefällt, viele weitere könnten durch die Absenkung des Grundwasserspiegels Trockenstress bekommen. Ob die berühmte, gut 200-jährige Platanenallee in den Unteren Schlossanlagen, wo das Grundwasser dagegen ansteigen könnte, von Schäden verschont bleibt, werden die nächsten Jahre zeigen.*

Wir folgen dem Weg an der östlichen Gartenseite weiter und gelangen zum Parksee, dem größten Gewässer der Schlossanlagen. Der Weg an der Ostseite wird von mächtigen **Hybrid-Platanen** *Platanus X hispanica* begleitet ❿, deren glatte helle Stämme mit den abblätternden, dunkleren

Borkenstücken nun immer mehr zum Charakteristikum des Schlossgartens avancieren. Wegen der Ähnlichkeit der Blätter zu verschiedenen Ahornarten nennt man sie auch „Ahornblättrige Platane“. Das mächtigste Exemplar steht an der See-Nordseite: Fünf starke Arme schickt der noch weitgehend unversehrte Baumriese empor, und sein 5,41 m mächtiger Stamm wird nur von wenigen Artgenossen in Stuttgart übertroffen.

Nach Überquerung der Cannstatter Straße sind wir im *Unteren Schlossgarten* angekommen, dem weitaus größten Teil des Parks. Die Dominanz der Platanen ist hier geradezu übermächtig. Wir gehen weiter an der Ostseite unter dem Schatten spendenden Dach ihrer riesigen Kronen. Wenn wir gezielt nach anderen Baumarten Ausschau halten, wird uns – nach dem großen Spielplatz – zur Parkmitte hin eine dunkelrote Baumgestalt auffallen, die sich schon farblich vom sonst gewohnten Blattgrün abhebt: Wir stehen vor einer prächtigen **Blutbuche** *Fagus sylvatica f. purpurea* (11). Interessanterweise gehen nahezu alle heute vorhandenen rotblättrigen Buchen auf einen einzigen Mutterbaum zurück, der zwischen 1690 und 1926 nahe der Stadt

Sondershausen in Thüringen lebte. Ihm fehlte ein bestimmtes Enzym, das den roten Farbstoff der jungen Blattoberseiten abbaut. Im Juni ist die Rotfärbung besonders intensiv, zum Herbst hin lässt sie deutlich nach. Steht man neben der mächtigen Stammsäule mit ihren zahlreichen Verwachsungsnarben und blickt nach oben, dann ist die Blutbuche kaum noch als solche zu erkennen, denn man schaut von hier aus im Wesentlichen auf die Blattunterseiten. Unsere schöne Schlossgartenbuche könnte aus der Zeit um 1880 stammen, als diese Zierde großer Gärten und Parks ganz besonders angesagt war.

Gut 100 Meter weiter passieren wir den Kiosk mit kleinem Biergarten und den *Quellsee*, in dessen Umfeld weitere Platanenriesen stehen. Kurz vor diesen kommt der über weite Strecken im Stadtgebiet unterirdisch verlaufende *Nesenbach* wieder ans Tageslicht. Ihm folgen wir auf dem Hauptweg weiter und machen bei einer Überquerung Halt, wo wir eine alte **Robinie** links und eine fünfstämmige **Kaukasische Flügelnuss** rechts des Weges anschauen. Nach weiteren 50 Metern schenken wir unsere Aufmerksamkeit dem größten und ältesten **Silberahorn** *Acer saccharum* des Schlossgartens **12**. Der wegen des äußerst attraktiven Laubes in Parkanlagen beliebte Nordamerikaner ist zumeist mehrstämmig ausgebil-

det, doch unser altes Schlossgarten-Exemplar liegt mit seinem fast 4 m messenden Einzelstamm sicher in den Top 10 dieser Baumart landesweit.
Gleich nach dem Silberahorn zweigt nach links ein Weg zum *Moorsee* ab, wo der Stammtorso einer ehemals riesigen **Schwarzpappel** und direkt am Seeufer dann die vermodernden Reste einer früher mächtigen **Hängeweide** zu finden sind ⓭. Zahlreiche Nilgänse haben den See für sich eingenommen, und so ist es nicht ganz einfach, diese letzten Zerfallsstadien näher in Augenschein zu nehmen.
Am nordöstlichen Seeufer dem Bachlauf folgend, stoßen wir auf den dicksten Baum des gesamten Schlossgartens: Eine **Platane** *Platanus X hispanica* ⓮ – wie könnte es anders sein – breitet hier am Bachbrückle ihre gewaltige, seilgesicherte Krone aus. Trotz diverser Beschädigungen durch Astausbrüche scheint der Riese noch im Vollbesitz seiner Kräfte zu sein. Der vielleicht schon um 1820 gepflanzte Baum dürfte mit seinem 5,70 m starken Stamm nach der alles überragenden Franziska-Platane (Bild S.126) und dem größten Wilhelma-Exemplar (vgl. S. 71) wohl stadtweit den dritten Platz einnehmen.
Zurück auf dem Hauptweg gelangen wir zusammen mit dem Nesenbach an die *Drei Seen* und damit zum Umkehrpunkt unserer Schlossgartenrunde. Zwischen erstem und zweitem See wechseln wir auf die Nordwestseite und gehen im Schatten einer langen **Rosskastanien-Allee** *Aesculus hippocastanum* ⓯. Die mehr als fünfzigstämmige Allee enthält Bäume aus verschiedenen Generationen, da bei einem Abgang jeweils wieder nachgepflanzt wird. Die ältesten Exemplare könnten aus der Zeit der etwas höher am Hang verlaufenden *Salucci-Allee* stammen und damit rund 160 Jahre alt sein.
Im spitzen Winkel mündet die Kastanienallee in die dendrologisch sicher großartigste Attraktion des Schlossgartens – die rund 1,5 km lange **Felix-Mendelssohn-Bartholdy-Allee** ⓰. Die vielleicht sogar europaweit bedeutendste Platanenallee *Platanus X hispanica* entstand in den Jahren 1813 bis 1817, als nach den „Oberen" auch die „Unteren Königlichen Anlagen" gestaltet wurden. Zwischen dem Abguss der *Quellnymphe* von Johann Heinrich Dannecker (1840) an der Einmündung der Kastanienallee

16

und den beiden *Rossebändigern* von Ludwig von Hofer (1845) wurden seit dem 5. Juni 2012 insgesamt 316 Alleenbäume zu Naturdenkmalen erklärt. Wie eine Kathedrale wölben sich die Kronen der mächtigen Bäume über dem Weg, und wir genießen die Atmosphäre im grünen (im Herbst gelben) Baumtunnel, bis wir wieder am Moorsee vorbeikommen. Kurz danach beeindruckt zur Parkmitte hin eine einzelne **Platane**, die wie ein Befehlshaber vor der in Linie angetretenen Kompanie steht (17) – man ist fast versucht, den mächtigen Baum als "General" anzusprechen.
Nach erneuter Überquerung der Cannstatter Straße wenden wir uns diesmal nach rechts und gehen auf der anderen Seite des Parksees zurück. Danach besuchen wir auf der sich nun wieder öffnenden Parkfläche eine bemerkenswerte **Rosskastanie** *Aesculus hippocastanum* (18). Sie ist noch nicht von hohem Alter, doch sie zeigt einen tollen Kronenbau mit fünf zentralen Stämmen sowie zwei starken Seitenauslegern. Damit ähnelt sie Deutschlands bedeutendster Rosskastanie im Schlosspark von Weiler (Gemeinde Obersulm im Landkreis Heilbronn). Ob unsere schöne Schlossgarten-Kastanie wohl jemals deren Alter von fast 350 Jahren erreichen wird?
Gehen wir auf dem westlichen Hauptweg weiter, dann kommen wir nach kurzer Wegstrecke, etwa auf Höhe des Schachspiels, zum ziemlich rund geschliffenen Löwen des Grenadierregiments Olga, der von zwei sehr beachtlichen Bäumen flankiert wird. Auf nördlicher Seite ist es eine **Amerikanische Gleditschie** *Gleditsia triacanthos* (19), die nicht nur an den Zweigen, sondern auch direkt am Stamm lange, verästelte Dornen trägt – wie der Artname schon vermuten lässt, oft mit drei Spitzen. Mit dem Gattungsnamen wird der deutsche Botaniker Johann Gottlieb Gleditsch (1714–1786) geehrt, der sich unter anderem als Direktor des Berliner Botanischen Gartens große Verdienste in der Pflanzenforschung erworben hat. Direkt nach dem steinernen Löwen ist es ein sehr alter **Feldahorn** *Acer campestre* (20), an dem wir nicht vorbeigehen sollten, ohne seinen bisher erfolgreichen Überlebenskampf gebührend zu bewundern. Die auch für den Schlossgarten zuständigen Baumpfleger der Wilhelma unterstützen ihn dabei nach Kräften und sicherten zwei der weit zur Seite auslegenden

Carrara-Marmor an der Platanenallee – einer der Rossebändiger (rechtes Bild) ▸

Äste mit Seilen an der Zentralachse. Für die Zukunft darf man sich viel versprechen von einem benachbarten, gleich danach am Weg stehenden Artgenossen – die bodennah sich verzweigende, weit ausgezogene Krone führt schon jetzt zu einer wirklich bemerkenswerten Baumgestalt.

Wenn wir nun durch die Baustelle und über den Leitner-Steg wieder in den Oberen Schlossgarten kommen, biegen wir vor dem schon bekannten Götterbaum 4 nach rechts ab und gehen auf dem *John-Cranko-Weg* weiter. Er bringt uns, am *Hotel am Schlossgarten* vorbei, zunächst zu zwei der schon vielfach gesehenen **Platanen** 21 der Art *hispanica*, wobei sich diese allerdings durch den dunklen, beulig verdickten Stamm deutlich von fast allen anderen Bäumen dieser Art im Schlossgarten unterscheiden.

Zu guter Letzt besuchen wir den wahrscheinlich ältesten und stärksten **Kaiserbaum** *Paulownia tomentosa* 22 Stuttgarts, direkt am Nordost-Flügel des Neuen Schlosses. Bei der ersten Stammteilung ist die kleinere der beiden Achsen schon lange Jahre abgenommen, ebenso weitere, ältere Äste – doch treibt der in China beheimatete Baum gut aus. Aufgrund der blauen Lippenblüten kennt man das wertvolle Schmuckstück vieler Gartenanlagen auch unter dem Namen *Blauglockenbaum*. Sein Holz ist vielseitig verwendbar, und da er zu den am schnellsten wachsenden Bäumen überhaupt gehört, zählt der Lieblingsbaum von Kaiser Franz Joseph zu den Erfolg versprechendsten Klimagehölzen.

3

WERNHALDEPARK

URWALD AN DER WEINSTEIGE

Täglich fahren unzählige Menschen am südlichen Rand des Stuttgarter Talkessels an einem exotischen Kleinod vorbei, ohne zu ahnen, welche dendrologischen Kostbarkeiten der Wernhaldepark an der Neuen Weinsteige bereithält.

Die Tour im Wernhaldepark beginnt am *Haigst*, kurz nach der Abzweigung von der Weinsteige. Hier stehen Parkplätze zur Verfügung, und wer mit der Stadtbahn kommt, muss nur wenige Schritte von der Haltestelle „Weinsteige" zum Startpunkt am Beginn der Römerstraße gehen. Diese verläuft steil abwärts, an kleinen Gartengrundstücken vorbei, und immer wieder eröffnen sich schöne Ausblicke über das Stuttgarter Häusermeer. An einem solchen Aussichtspunkt zweigen wir nach rechts ins Parkgelände ab, passieren eine kleine Streuobstwiese und stehen schon bald vor einigen hoch aufragenden **Nadelbäumen ❶**. Am Rande einer steilen Waldklinge treffen wir hier, neben einer Nordmann-Tanne, auf die ersten Vertreter einer Baumart, die im Wernhaldepark in erstaunlich großer Zahl vorhanden ist: der **Riesenmammutbaum** *Sequoiadendron giganteum*. Warum gerade hier mehr als 40 solcher Baumriesen wachsen, wurde erst vor wenigen Jahren bekannt: Das Gelände gehörte Mitte des 19. Jahrhunderts der Familie des Christian

◄ Sequoiawald an der Wernhalde – ein Hauch von Kalifornien

2,5 km

ca. 1,5 h

70597 Stuttgart,
Auf dem Haigst 45

48° 75' 50.33" N
9° 17' 48.39" E
Stadtbahn-Haltestelle
Weinsteige
(U6, U6, U8, U12)

Zum Teil sehr steiles, aber aussichtsreiches Gelände

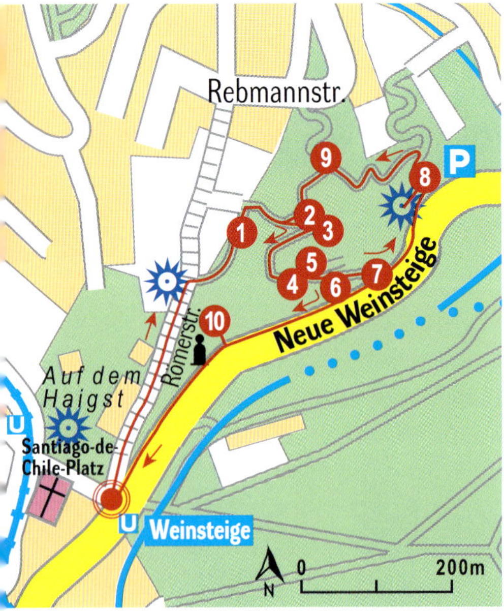

Schickler, seinerzeit Gärtner und Samenhändler. Er war es wohl, der 1864 im Auftrag König Wilhelms I. „a lot“ der Samen des kurz zuvor entdeckten Mammutbaums aus Amerika mitbrachte – obwohl er wahrscheinlich nur einige „Loth“ (ein Lot waren damals etwa 15 Gramm) einkaufen sollte. Aus diesem Saatgut entwickelten sich in den Kalthäusern der Wilhelma schon ein Jahr später etwa 5.000 kräftige Pflanzen – viel mehr, als der König im Stadtzentrum unterbringen konnte. So wurden sie im ganzen Land verteilt, und auch Gärtner Schickler hat offenbar seinen Anteil bekommen und seine Setzlinge im heutigen Wernhaldepark, den damaligen „Schickler'schen Gärten“, in die Erde gepflanzt. Zum Teil über Treppen geht es weiter abwärts, mit einer kleinen Holzbrücke überqueren wir die Klinge, die meist nur wenig Wasser führt. Auf der anderen Seite treffen wir auf einen gepflasterten Weg, dem wir aufwärts folgen. Zwei direkt am Weg stehende **Mammutbäume** **2** zeigen bolzengerade, bis weit hinauf astfreie Stämme mit der typisch rötlichen Färbung. An der nächsten Kehre bietet sich ein Blick in einen regelrechten **Sequoiawald** **3**: Mehr als 15 Exemplare stehen hier dicht beisammen, der Boden ist mit einer dicken Schicht aus abgebrochenen Zweigen und Tausenden von Zapfen bedeckt. Die natürliche Verjüngung dieser Bäume ist hier nicht zu erwarten, öffnen sich die Zapfen doch erst bei großer Hitze, etwa bei einem Waldbrand.

Nach der folgenden Serpentinenkurve kommt ein kleines Steinhäuschen in den Blick, davor eine schon recht alte Eibe. Direkt hinter dem Gebäude stand bis Anfang 2019 eine der stärksten **Atlaszedern** *Cedrus atlantica* 4 Stuttgarts. Schade, dass der etwa 120-jährige Baum offenbar wegen Stammfäule komplett abgenommen werden musste. Auf der Schnittfläche kann man jetzt die Jahresringe zählen.

Weitere Mammutbäume folgen nun rechts und links des am Wohnhaus Nr. 140a vorbeiführenden Weges. Auch sie dürften in der Mehrzahl aus dem Jahr 1865 stammen (5 und 6). Der letzte auf der rechten Seite wird von dicken Efeusträngen umwunden 7. Der Weg endet an der Weinsteige, der wir ein Stückchen abwärts folgen, um dann gleich wieder links ins Parkgelände abzubiegen. Wir sind nun im nordöstlichen Teil der Wernhalde, der deutlich offener ist und noch steiler abfällt. Nimmt man die erste Abzweigung links, öffnet sich auch hier ein schöner Blick über Stuttgart. Da der kurze Weg eine Sackgasse ist, kehren wir um und steigen bei einer auffallend schön gewachsenen **Lawson-Scheinzypresse** *Chamaecyparis lawsonia* 8 den steilen Weg in die *Fangelsbachklinge* hinab. Er führt durch weitgehend offenes Gelände, das durch zahlreiche Trockenmauern und blumenige Steilwiesen

Der 6,5 Hektar große **Landschaftspark** *zählt sicher zu den am wenigsten besuchten Grünzonen des Stadtgebiets. Seit die Wege und Geländer im Jahr 2015 aber neu angelegt wurden, ist man im Steilhang wieder sicher unterwegs.*

einen ganz besonderen Charme entwickelt. In der Klinge fließt der kleine Fangelsbach offen über den Weg, und wenig später haben wir auf einem etwas flacheren Hangstück eine aussichtsreiche Parkwiese erreicht. Sie ist locker bestanden mit Kiefern, Obstbäumen, Zedern sowie einem jungen Ginkgobaum. Am noch weiter talwärts führenden Weg besuchen wir eine **Griechische Tanne** *Abies cephalonica* 9, deren Gipfel sich nach einem Bruch über drei neue Leittriebe neu aufbauen konnte. Die waagerecht abgehenden Äste und die spitzen, bogenförmig nach oben gestellten Nadeln zählen zu den besonderen Merkmalen dieser Baumart.

Nun geht es wieder bergauf, quer über die Wiese und erneut über den Z-förmig verlaufenden Weg hinauf zur Weinsteige. Der Rückweg zum Ausgangspunkt folgt nun der Weinsteige, und wir kommen nach rund 150 Metern an der östlichen Seite des Gartenbauverbandes Baden-Württemberg vorbei, auf dessen Grundstück zum Abschluss noch einmal ein besonders schönes, freistehendes **Sequoia-Exemplar** aufragt 10. Gleich danach stehen wir vor dem 1842 errichteten Denkmal für den Stuttgarter Oberbaurat und Stadtplaner Gottlieb Christian Eberhard Etzel (1784–1840), den Erbauer der Neuen Weinsteige.

◄ **Klingenweg über den kleinen Fangelsbach**

SCHLOSSPARK HOHENHEIM

VOM WASSERSCHLOSS ZUR UNIVERSITÄT

Auf den Wiesen vor der Hohenheimer Schlossfassade wurde ab 1829 der Alte Botanische Garten angelegt. Im heutigen Schlosspark lassen sich noch einige spannende Baumfunde aus dieser Zeit machen.

Gleich nach dem westlichen Zugang zum Schlosspark an der Emil-Wolff-Straße wird ein in dieser Größe sehr seltener **Japanischer Pagodenbaum** *Styphnolobium japonicum*, früher auch *Sophora japonica* ❶ leicht übersehen, da er in die umgebenden Eiben etwas eingewachsen ist. Der auch unter dem Namen „Japanischer Schnurbaum" bekannte Schmetterlingsblütler dürfte zu den ältesten und stärksten seiner Art in Deutschland zählen – erstmals beschrieben wurde die Art im Jahr 1767. Das Pflanzdatum ist leider nicht bekannt, aufgrund des mächtigen, fast 4,5 m umfassenden Stammes darf man etwa 150 bis 180 Jahre annehmen. Zahlreiche Seilverspannungen und sechs alte Eisenanker hindern die beiden Hauptachsen bisher erfolgreich daran auseinanderzubrechen. Aus den bei Bienen beliebten Blütenständen entwickeln sich im Herbst lang herabhängende Hülsenfrüchte, deren Samen durch Einschnürungen getrennt sind – so leitet sich der Name „Schnurbaum" ab.

◂ Schloss Hohenheim - Gartenfront mit Jägerallee

2,2 km

ca. 1,5 h

70599 Stuttgart, Fruwirthstraße 31

48° 71' 34.72" N
9° 21' 14.47" E

Stadtbahn-Haltestelle Plieningen (U3); Bushaltestelle Garbe; Parkplätze an der Fruwirthstraße

https://gaerten. uni-hohenheim.de

Schlosspark mit altem Baumbestand des 19. Jahrhunderts

Wir gehen direkt an der Südseite des Westflügels des Schlosses entlang, vorbei an einer schönen Blutbuche sowie zwei großen Linden, und betrachten einen mehrstämmigen **Silberahorn** *Acer saccharinum* 2 an der Schlossfassade. Die tief eingeschnittenen Blätter des im östlichen Nordamerika beheimateten Baumes erscheinen unterseitig silbrig-weißlich, oberseitig im Herbst intensiv gelb bis rot. Durch die frühe Blüte im Februar/März ist er einer der ersten Blütenbäume für unsere Honigbienen.

Nach wenigen Metern biegen wir am zweiten Weg nach rechts in den *Koniferenhain* ein. Unter den hier um 1866 gepflanzten Nadelbäumen ist nach einem zweistämmigen Riesenlebensbaum vor allem eine **Gelbkiefer** *Pinus ponderosa* 3 zu beachten. Im Heimatgebiet des westlichen Amerika ist dieser riesige Waldbaum – er wird dort bis 60 m hoch – sehr häufig anzutreffen und aufgrund seines geraden Wuchses sowie des für Kiefern ungewöhnlich harten Holzes als Nutzbaum sehr gefragt. Hier ist diese Art noch selten, doch könnte sich dies ändern, da der Klimawandel ihren Standortansprüchen entgegenkommt.

Ähnliches gilt auch für die **Douglasie** *Pseudotsuga menziesii* und zwei **Riesenmammutbäume** *Sequoiadendron giganteum* 4, die nachfolgend am Weg stehen. Die Sequoien stammen vermutlich sogar aus der ersten Generation dieser Bäume in Deutschland, haben aber noch nicht die monumentale Größe der stärksten Bäume im Land erreicht. Diese messen mit fast 10 m den doppelten Stammumfang.

Wenn wir jetzt weiter nach Südosten am Gehölzgürtel entlang gehen, bemerken wir eine in der Krone stark reduzierte **Roteiche** *Quercus rubra* 5, für die kein Pflanzdatum angegeben ist, die aber vielleicht schon aus der Zeit um 1840 stammen könnte. Wenig später, oberhalb des Gewächshauses, folgt ein zweites Exemplar im gleichen Alter. Anschließend können wir kurz vor dem schönen *Plieninger Aussichtspunkt* eine hoch aufragende **Waldkiefer** *Pinus sylvestris* 6 mit der bereits besuchten Gelbkiefer vergleichen. Die bei uns häufige Baumart wächst genauso geradlinig wie jene, nur hat die Borke eine stärker rötliche Färbung. Könnten wir die Nadeln betrachten, so fiele uns auf, dass bei ‚unserer' Kiefer immer zwei

6

8

7

zusammengefasst sind, bei der amerikanischen dagegen drei.
Der Aussichtspunkt mit dem benachbarten Teich und der Wegkreuzung am südlichsten Punkt des Schlossparks gehört vor allem im Herbst zu den schönsten Abschnitten unseres Rundgangs. Hier lohnt sich noch ein kleiner Abstecher über den weiter nach Süden verlaufenden Weg – er wird gesäumt von einer Doppelreihe wahrhaft uralter Bäume, wobei dies in erster Linie deren Art betrifft: Es ist die 1772 gepflanzte *Jägerallee*, die aus **Italienischen Pappeln** *Populus nigra var. italica* besteht ❼. Das wirklich bemerkenswerte an dieser Allee ist zum einen die Tatsache, dass die ehemals hoch und schlank aufragenden Pyramidenpappeln – auf einer Zeichnung aus dem Jahr 1801 so erkennbar – seit langer Zeit bereits nach Art der Kopfweiden zurückgeschnitten werden und deshalb diesen im Erscheinungsbild sehr ähnlich sind. Zum anderen liegt das angegebene Alter von fast 250 Jahren weit jenseits der normalen Lebenserwartung dieser pilzanfälligen Bäume – diese liegt meist bei kaum mehr als 100 Jahren. Ihre teilweise offenen Stämme sind alle hohl, was sie tatsächlich sehr alt aussehen lässt, doch könnte es sich möglicherweise vereinzelt auch um Nachpflanzungen handeln.

Das ursprüngliche Hofgut der Herren von Hohenheim baute **Herzog Carl Eugen** *ab 1772 zu einem Wasserschloss um. Es sollte gar sein Residenzschloss werden, doch nach seinem Tod 1793 fiel es in einen Dornröschenschlaf – aus dem es* **König Wilhelm I.** *mit der Gründung seiner „Landwirtschaftlichen Unterrichts-, Versuchs- und Musteranstalt", dem Vorläufer der heutigen Universität, wiedererweckte.*

Geradewegs auf das Schloss zugehend ist ein meist unscheinbarer Baum unser nächstes Ziel – nur im Herbst ist sein Blätterkleid ebenso auffallend wie sonst nur Ginkgo und Tulpenbaum: Etwa 50 Meter vor der Schlossfassade, etwas links des Wegs, statten wir einem Wildobstbaum einen Besuch ab. Der **Speierling** *Sorbus domestica* ❽ gehört zu den seltenen Wildgehölzen in Deutschland, und dieses Exemplar, dessen

Stamm bereits teilweise ausgehöhlt und mit Eisenstäben überbrückt ist, könnte zu den ältesten und stärksten landesweit zählen. Der den Mehlbeeren zugeordnete, wärmeliebende Baum ähnelt in den Blättern der Vogelbeere, in der Rindenstruktur einem Birnbaum, und seine kleinen, gelben Früchte sind infolge des hohen Gerbsäuregehalts so herb, dass man sie – zumindest in unreifem Zustand – gleich wieder „ausspeit". Das Holz ist sehr wertvoll und gilt als das härteste aller einheimischen Hölzer.

Wenn wir auf der Schlosspark-Mittelachse wieder zurückgehen und am Gehölzrand nach links abbiegen, erreichen wir schnell zwei sehr eindrucksvolle **Riesenlebensbäume** *Thuja plicata* **9**, direkt am Weg. Die 1896 gepflanzten, im westlichen Nordamerika beheimateten Zypressengewächse zeigen bereits eine besonders charakteristische Eigenschaft: Die tief abgehenden Seitenäste neigen sich in fortgeschrittenem Alter zum Boden und bewurzeln sich dort, so dass im Laufe der Zeit ein Kranz von Nebenstämmen entsteht, der die Zentralachse wie eine Schleppe umgibt. Dieser Prozess hat auch hier bereits eingesetzt, wobei die Seitenstämme schon beträchtliche Dimensionen erreicht haben. In ihrer Heimat können die Thuja-Riesen 1.000 Jahre alt werden.

Nach kurzer Wegstrecke gehen wir auf den südlichen Randweg und begegnen dort schon bald der stärksten **Stieleiche** *Quercus robur* Hohenheims (10). Sie bekommt am südlichen Gehölzrand viel Sonne und hat sich hier zu einer Größe entwickelt, die selbst die viel älteren Artgenossen im Exotengarten (1785) deutlich übertrifft.

Ein weiteres Highlight wartet dann am Bismarck-Denkmal: Die hier hoch aufragende, etwa 180 Jahre alte **Flatterulme** *Ulmus laevis* (11) besitzt über der 10 m hohen, zunächst astlosen Stammsäule eine überraschend gut erhaltene Krone. Der weit ausgestellte und tief gefurchte Stammfuß und die drei sehr weit an der Oberfläche ausstreichenden Wurzelstränge bieten ein großartiges Bild.

Unsere Tour verläuft nun wieder direkt auf das Schloss zu, und wir entdecken rechts des Diagonalweges einen fünfachsigen, sehr knorrig wirkenden Baum, dessen grobe Borke der einer Robinie gleicht. Es handelt sich hierbei aber um eine **Kaukasische Flügelnuss** *Pterocarya fraxinifolia* (12), die zu den Walnussgewächsen gezählt wird. Mit ihren sehr großen, im Herbst gelb gefärbten Fiederblättern und den langen Fruchtständen gilt sie als ausgesprochen dekorativer Parkbaum.

Das Hohenheimer Exemplar aus dem Jahr 1842 ist zudem sicher eines der ältesten und imposantesten in Deutschland. In großem Umkreis sind durch Wurzelschösslinge Hunderte von Austrieben entstanden, die den Altbaum umgeben wie ein kleiner Wald.

An der Balustrade des inneren Parketts gehen wir nach rechts und gelangen in den östlichen Teil des Parks. In der *Laubbaumallee* – dem Gegenstück zum *Koniferenhain* auf der westlichen Seite – wurden bereits in der zweiten Hälfte des 19. Jahrhunderts einige fremdländische Ziergehölze gepflanzt. Manche davon gehören heute zu den ältesten ihrer Art in ganz Süddeutschland. Drei von ihnen schauen wir näher an: Da ist zunächst eine **Kaukasische Zelkove** *Zelkova carpinifolia* (13) mit sehr schöner, rostroter Laubfärbung im Herbst. Der Artname bezieht sich auf die Blätter, die unserer Hainbuche ähnlich sehen sollen, tatsächlich aber eher die schmalere Form der Edelkastanienblätter haben. Sie sind allerdings sehr viel kleiner – so klein, dass sich eine Zelkove auch sehr gut als Bonsai-Bäumchen kultivieren lässt.

Gleich benachbart zeigt sich ein Verwandter unserer heimischen Haselnuss – jedoch nicht in Strauch-, sondern in Baumform: Es ist die als Türkische Hasel oder auch **Baumhasel** *Corylus colurna* (14) bekannte Art, deren Herkunftsgebiet vom südöstlichen Europa über Kleinasien bis zu den Ausläufern des Himalaya reicht. Die wohlschmeckenden Früchte sind von einer auffällig stachelig-zerschlitzten Hülle umgeben, die das beste Bestimmungsmerkmal für diese Baumart darstellt. Wahrscheinlich wird uns dieser oft mehrstämmig entwickelte Baum in Zukunft öfter begegnen, denn durch seine Trockenresistenz infolge des tief reichenden Wurzelsystems könnte er in Zeiten des Klimawandels schon bald eine größere Rolle spielen. Auch der direkt anschließende Baum gehört zu den sogenannten *Klimawandelgehölzen*: Es ist ein **Amur-Korkbaum** *Phellodendron amurense* (15), der durch seine starke Kronensicherung und den knorrigen Wuchs einen sehr alten Eindruck macht. Wie alt er tatsächlich ist, wird nicht beschrieben, 100 Jahre könnte er durchaus schon überschritten haben. Sein Hauptkennzeichen ist der dicke Korkmantel, der den Stamm umgibt und etwa alle zehn Jahre geerntet werden kann. Dieses Material

12

13

14

15

16

findet sowohl in der Korkindustrie als auch in der Medizin Verwendung. Die Hitze- und Dürre-Verträglichkeit – bei gleichzeitiger Frosthärte – dürften auch diesen Nordostasiaten für unsere zukünftigen Wälder interessant machen. Hinzu kommt, dass er weder für Pilzbefall noch für Insektenfraß anfällig ist und sogar ein schönes Holz liefert, das dem der Bergulme in nichts nachsteht.

Der erste Teil unserer Hohenheimer Baum-Entdeckungstour ist hier am *Magnolienweg* zu Ende, doch ein kleiner Geheimtipp soll noch verraten werden: Wer noch etwas Zeit und Interesse hat, der kann im westlichen Schlosshof einen mächtigen **Trompetenbaum** *Catalpa bignonioides* 16 bewundern. Er fehlt in der Hohenheimer Dokumentation erstaunlicherweise – vermutlich, weil sein Standort nicht direkt zum Schlosspark zählt. Doch sehenswert ist der alte Baum, dessen großer Tiefast mit einer dicken Holzkonstruktion gestützt wird, zu jeder Jahreszeit. Sehr große, herzförmige Blätter tragen ebenso zum prächtigen Erscheinungsbild bei wie die orchideenartigen Blüten im Frühsommer oder die überlangen bleistiftförmigen Kapselfrüchte, die über den Winter am Baum bleiben und sich erst im Frühjahr öffnen.

Einzigartig: die Blätter des Ginkgobaums

EXOTENGARTEN HOHENHEIM

ARBORETUM DER SUPERLATIVE

Der Exotengarten im heutigen Landesarboretum Baden-Württemberg ist eine wahre Schatztruhe – gefüllt mit der wahrscheinlich artenreichsten Sammlung wertvoller Bäume, die man in Deutschland antreffen kann.

Die Tour startet an der Nordwestecke des Exotengartens, und wir stellen schnell fest, dass wir nahezu mit jedem Gewächs einer anderen Baumart begegnen. Dass die meisten Bäume mit einer kleinen Namenstafel versehen sind – in manchen Fällen ist sogar das Pflanzjahr verzeichnet – macht diesen Spaziergang für jeden botanisch interessierten Besucher zu einem ausgesprochen lehrreichen Unternehmen.
Am ostwärts verlaufenden Weg lässt uns der mächtige, hoch aufragende Stamm eines nordamerikanischen **Schwarznussbaums** *Juglans nigra* (1) gen Himmel schauen. Er wurde am 15. März 1823 vom kleinen Sohn des Gartenpflegers gepflanzt, der an diesem Tag seinen zweiten Geburtstag feierte und hier eine Nuss in die Erde steckte. Der Verwandte unseres Walnussbaums hat zwar seine Krone weitgehend eingebüßt, doch ist der bis weit hinauf astlose 4,5-m-Stamm mit seiner dunklen, groben Borke allein schon beeindruckend genug. Das im Kernbereich dunkelbraune Holz wird gerne für Furniere sowie im Möbel- und Instrumentenbau

◂ Narzissenwiese im Exotengarten

2,0 km

ca. 2,0 h

**70599 Stuttgart,
Garbenstraße 11-9**

**48° 71‘ 07.42“ N
9° 20‘ 50.17“ E
Stadtbahn-Haltestelle
Plieningen (U3);
Bushaltestelle Garbe;
Parkplätze
an der Garbenstraße**

**https://gaerten.
uni-hohenheim.de**

**Sehenswertes
Museum zur
Geschichte
Hohenheims**

verwendet. Wer eine der runden Früchte findet, wird Mühe haben, den Kern aus der Schale herauszulösen – dieser ist zudem steinhart und nur schwer zu öffnen.

Im „Schwäbischen Baumbuch" von 1911 beschreibt Otto Feucht, der die Bedeutung des Exotengartens in besonderer Weise hervorhebt, unter den

„wertvollsten Zierden des Gartens“ auch einen 110-jährigen, männlichen Ginkgobaum (*Ginkgo biloba*) am Hauptweg zum Landhaus hin. Tatsächlich entdecken wir schon wenige Meter nach der Schwarznuss einen **Ginkgobaum** 2 – dessen Pflanzdatum am Stamm allerdings mit dem Jahr 1910 angegeben wird. Es kann sich hier also nicht um den Altbaum aus der Zeit um 1800 handeln – wirklich schade, dass dieser längst abgegangen ist!

Doch auch die „Silberaprikose“, wie der japanische Name übersetzt wird, ist bereits von beträchtlicher Größe, und das im Oktober und November herabfallende Laub leuchtet in strahlender Schönheit. Ein großes Krebsgeschwür am Stamm dürfte allerdings bei den Parkpflegern Sorgenfalten verursachen.

Tatsächlich aus der Anfangszeit des Parks (1779) stammt hingegen ein zu den Magnoliengewächsen gehörender **Tulpenbaum** *Liriodendron tulipifera* 3, den wir unweit südlich des Ginkgos entdecken. Sein Stammfuß ist so stark verdickt, wie man es sonst nur bei mexikanischen Flaschen-

4

bäumen („Elefantenfuß“) oder auch Bonsai-Bäumen finden kann. Hoffentlich handelt es sich nicht um eine krankhafte Wucherung – oberhalb davon misst der Stamm im Umfang 4,95 m, womit der Baum zu den Top 10 dieser Art in Deutschland zählt.

Blicken wir von hier aus südwärts, so zieht uns schon das nächste Gründungsmitglied des Gartens in seinen Bann: Die **Franziska-Platane** *Platanus x hispanica* ❹ ist einer der größten Bäume im gesamten Stuttgarter Raum, und auch bei ihr ist 1779 das Pflanzjahr. Selbst in ganz Deutschland werden 7,54 m Stammumfang und 36 m Kronenhöhe nur von wenigen Artgenossen übertroffen. Der nach der Gemahlin Herzog Carl Eugens, Franziska von Hohenheim, benannte Baum zeigt auch nach über 240 Lebensjahren weder im seilgesicherten Kronenbereich noch am kräftigen Stamm sichtbare Schäden. Die typisch abblätternden Rindenstücke sind eine Folge des natürlichen Wachstums und kein Grund zur Beunruhigung. Ob der herrliche Parkriese je das Alter des europäischen Rekordhalters – etwa 700 Jahre auf der griechischen Insel Kos – erreichen kann? Neben Sturm, Blitz und Dürre sind Bäume vielen weiteren Gefährdungen ausgesetzt – seit 2003 werden die als Stadtbäume beliebten Platanen in ganz Deutschland durch eine Pilzerkrankung (Massaria-Krankheit) bedroht!

Sage und schreibe ***2.585 verschiedene Baumarten*** *sind in den Hohenheimer Gärten insgesamt versammelt! Der Exotische Garten mit dem „Dörfle“, einer ländlichen Kulisse, wurde nach dem Vorbild englischer Parkanlagen bereits in den Jahren 1776 bis 1793 angelegt.*

Wir wechseln nun wieder hinüber zur Westseite des Gartens und begegnen am Querweg einer **Großfrüchtigen Eiche** *Quercus macrocarpa* ❺, deren Stamm von den Zweigen einer Eibe nahezu völlig verdeckt wird. Der 1799 gepflanzte, aus Nordamerika stammende und hier sehr seltene Baum ist wahrscheinlich deutschlandweit der stärkste seiner Art. Ein breites Schlaufenband verbindet die Krone mit der benachbarten, deutlich jüngeren Hainbuche. Schade, dass die ehemals wenige Meter

danach stehende **Sumpfzypresse** (*Taxodium distichum*) aus dem Jahr 1819 inzwischen entfernt werden musste. Da diese Baumart erst um das Jahr 1800 in Europa eingeführt wurde, ist der Verlust des mehr als 4,5 m starken Exemplars in Hohenheim besonders schmerzlich.
Am westlichen Weg angekommen, gehen wir südwärts weiter. Schon bald zeigt sich rechts am Weg eine schöne, veredelte Blutbuche aus dem Jahr 1860. Auf der anderen Wegseite beeindruckt eine **Kaukasische Flügelnuss** *Pterocarya fraxinifolia* ❻ mit rund 20 Stämmen, die alle einer gemeinsamen Basis entspringen – im Herbstlicht ein besonders schöner Anblick. Die Baumart liebt zwar tiefgründige, feuchte Standorte, kommt aber auch mit Hitze und Trockenheit klar und ist zudem windresistent und stadtklimatauglich.
Bald kommt man am *Wirtshaus der Stadt Rom* vorbei, einem der drei noch erhaltenen baulichen Elemente, die Carl Eugen ab 1776 errichten ließ. Damals lag hier auch der Marktplatz des *Dörfle*, wie die Gesamtheit aller 60 Bauwerke von Herzogin Franziska kurz genannt wurde. Um 1830 war das Wirtshaus eine Zeitlang vom Dichter Eduard Mörike bewohnt. Gleich gegenüber den römischen Tempelresten entdecken wir wieder einen **Tulpenbaum** ❼ (von 1789) und an der nächsten Wegkreuzung eine große, veredelte **Blutbuche** mit Rundbank ❽ – gepflanzt 1779.
Von hier aus gehen wir weiter nach Süden, bis wir linker Hand nach einer schönen Vierergruppe Platanen wieder auf einen Veteranen treffen – eine **Robinie** *Robinia pseudoacacia* ❾ aus dem Jahr 1790. Der mehr als 4 m starke Altbaum ist hohl und weitgehend borkenlos, doch haben sich an seinem Stammfuß inzwischen insgesamt sechs jüngere Austriebe zu kräftigen Bäumchen entwickelt, mit denen das Leben des abgehenden in der nächsten Generation weitergehen kann. Die im atlantischen Nordamerika beheimatete Baumart gelangte Anfang des 17. Jahrhunderts mit dem französischen Botaniker Jean Robin zunächst nach Paris und wurde ab 1670 dann auch in deutschen Parkanlagen eingeführt. Durch den hohen Zuckergehalt des Blütennektars gehört die Robinie zu einer der wichtigsten Bienenweidepflanzen – der daraus entstehende Honig ist unter dem Namen „Akazienhonig" im Handel erhältlich. Ein herausragendes Merkmal

6

8

9

der Robinie ist auch ihr hartes, gut gegen Fäule widerständiges Holz, das deshalb gerne für Möbel im Außenbereich verwendet wird.

Im weiteren Verlauf des Wegs passieren wir mit einer knorrigen **Sommerlinde** *Tilia platyphyllos* **10** aus dem Jahr 1779 und einer **Zerreiche** *Quercus cerris* **11** (1799) zwei weitere Überlebende aus der Anfangszeit des Gartens. Danach kommen wir in den südlichsten Bereich des historischen Gartens und erleben dort nach einer gelbblühenden **Appalachen-Rosskastanie** *Aesculus flava* **12** (1799), deren geringe Stammstärke eigentlich kein so hohes Alter erwarten lässt, noch drei weitere alte **Tulpenbäume** **13** aus den Jahren 1779 bzw. 1789. Bald haben wir bei einer fünfköpfigen Gruppe **Stieleichen** *Quercus robur* **14** (1785) den südöstlichsten Punkt unseres Rundganges erreicht – hier ist auch der Übergang zum modernen Landschaftsgarten. Von nun an gehen wir wieder nordwärts. Zunächst auf dem Mittelweg, der bald zu einer kleinen Baumgruppe führt **15**, links des Wegs und weitgehend freistehend. Sie besteht zum einen aus zwei amerikanischen **Hickorys** verschiedener Arten (*Carya alba* und *Carya ovata*), denen man ihr Alter

von gut 180 Jahren wahrlich nicht ansieht. Ihr Wachstum scheint in Zeitlupe zu verlaufen. Deutlich stärker entwickelt ist die dabeistehende, 200-jährige **Amerikanische Roteiche** (*Quercus rubra*), deren Stamm bereits deutlich die 4-m-Marke übertroffen hat und mit weit ausgestellten Wurzelanläufen auf sich aufmerksam macht. Sie zählt innerhalb der Eichen zu den rasch wachsenden Baumarten, erreicht aber eher selten ein Alter jenseits von 150 Jahren. Die Roteiche findet seit Mitte des 19. Jahrhunderts auch in unseren Wäldern immer stärkere Verbreitung. Unseren einheimischen Eichenarten ist sie in Bezug auf Wachstum und Schattenverträglichkeit zwar klar überlegen, ihr Holz besitzt jedoch nicht deren Qualität. Im Spätjahr ist das attraktive, intensiv rote Herbstlaub ein wahrer Augenschmaus, weshalb sie gerne in Parkanlagen gepflanzt wird.

An der Ostseite des Gartens, nahe dem Ausgang zu den Gewächshäusern, kommen wir an zwei eindrucksvollen Großbäumen vorbei – einer **Ahornblättrigen Platane** 16 (gepflanzt 1800) und einer **Rotbuche** *Fagus sylvatica* 17 (1780). Auf dem Ostweg gilt es dann, zwei **Flatterulmen** *Ulmus laevis* 18 nicht zu übersehen, die sich mit einem Umhang aus Efeu getarnt haben und in diesem dicht bewachsenen Parkteil ein wenig beachtetes Dasein führen. Dabei sind die beiden 160-jährigen Bäume

inzwischen eine echte Rarität! Bis etwa 1920 waren die drei heimischen Ulmenarten – Berg-, Feld- und Flatterulme – weit verbreitete Wald- und Stadtgehölze. Doch dann dezimierte ein aus Ostasien stammender und vom Ulmensplintkäfer verbreiteter Pilz die Bestände in fast ganz Europa und nachfolgend auch in den USA und Kanada, bis an den Rand des Aussterbens. Die Ulmenkrankheit verläuft bis heute meist tödlich für die betroffenen Bäume, und da sie sich über den Holzhandel weltweit ausbreitet, erfolgt der Befall in Schüben und auch schon mehrfach mit veränderten Pilzvarianten. Ein wirksames Gegenmittel ist bis jetzt nicht gefunden, und so sind auch unsere beiden Flatterulmen im Exotengarten und eine noch etwas ältere im östlichen Schlosspark weiterhin latent gefährdet – wenngleich sich diese Art im Vergleich zu den beiden anderen Arten als deutlich widerstandsfähiger erwiesen hat. In den 1980er-Jahren konnten in den USA einige Kulturformen gezüchtet werden, die eine hohe Resistenz zeigen – wer weiß, wie lange?
Die Flatterulme wurde zum Baum des Jahres 2019 gewählt – die Bergulme hatte dies bereits 1992 geschafft. Weiter nördlich kommen wir unter anderem an einem kleinen Hain mit stattlichen, 220-jährigen Stieleichen

und an einer großen **Griechischen Tanne** *Abies cephalonica* 19 von 1907 vorbei, deren Gipfel einst im Sturm gebrochen ist. Bei ihr sehen wir auf den offenen Mittelteil des Gartens hinaus, wo sich oberhalb des Weihers ein prächtiger **Urwelt-Mammutbaum** *Metasequoia glyptostroboides* 20 in den Blick stellt. Anfang November ist das im Nachmittagslicht orangerot leuchtende Nadelkleid des aus China stammenden Baumes ein schöner Anblick, und die Holzbank unter seinen Zweigen lädt förmlich dazu ein, die Szenerie mit allen Sinnen zu genießen. Der ausgesprochen schnell wachsende Baum wurde 1952, also schon elf Jahre nach seiner erstmaligen Entdeckung, mit zwei weiteren Exemplaren im Garten gepflanzt, hat aber bereits einen Stammdurchmesser von 1,20 m erreicht. Sein Name ist etwas irreführend, denn er ist eigentlich gar kein Mammutbaum, sondern ein Sumpfzypressengewächs. Neben seinem attraktiven Wuchs mit der bis zur Spitze durchgehenden Zentralachse punktet das „Chinesische Rotholz“ – wie der Baum auch genannt wird – mit zwei weiteren guten Eigenschaften: Er ist bezüglich des Standorts überhaupt nicht anspruchsvoll und dazu noch sehr unempfindlich gegenüber Schädlingsbefall.

8

MERKELPARK

NATUR UND KUNST IN ESSLINGEN

Wer sich für Natur und Kunst gleichermaßen begeistern lässt, ist im Esslinger Merkelpark goldrichtig. Zahlreiche moderne Skulpturen im fast 150-jährigen Baumbestand geben der schönen Parkanlage ihre ganz persönliche Note.

Die beiden imposantesten Bäume Esslingens bilden den Start und den Abschluss unserer Tour zum Merkelpark, dem aus dendrologischer Sicht interessantesten Stadtgebiet der ehemaligen Freien Reichsstadt. Wenn man an der Haltestelle "Maillestraße" aus dem Bus steigt oder vom glücklich gefundenen Parkplatz hierher kommt, dann steht man direkt vor einem der ältesten und großartigsten **Ginkgobäume** *Ginkgo biloba* **1** Deutschlands. Die in China beheimatete Baumart kam schon wenige Jahre nach ihrer Entdeckung 1691 nach Europa. Die ältesten heute noch existierenden Exemplare werden auf etwa 1750 bis 1770 datiert – der Esslinger Ginkgo dürfte spätestens 100 Jahre später gepflanzt worden sein, Angaben gibt es hierzu leider nicht. Er ist heute zwischen den hohen Gebäuden der Volksbank und eines Studentenwohnheims regelrecht eingezwängt. Früher stand er hier auf einer kleinen Parkfläche und konnte seine altersbedingt schon recht ausladende Krone sicher wesentlich besser zur Geltung bringen. Aber immerhin hat man ihn im Zuge der Baumaßnahmen nicht beseitigt, und das

◂ Villa Merkel mit sehenswertem Baumbestand

2,0 km

ca. 1,5 h

73728 Esslingen, Pliensauturm

48° 73‘ 74.15“ N
9° 30‘ 32.61“ E
Bushaltestelle an der Maillestraße; Parkhaus beim Landratsamt o.a.

www.villa-merkel.de

Kunst-Ausstellungen in der Villa Merkel und im Gärtnerhaus

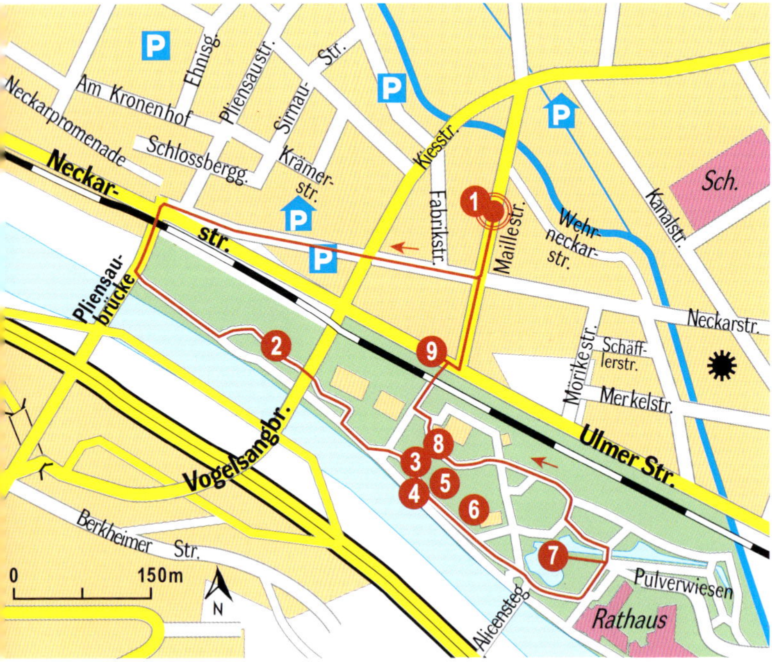

ist ja schon sehr lobenswert. Der mit tiefen Furchen und dicken Wucherungen versehene Stamm ist für einen Baum dieser Art ungewöhnlich stark entwickelt – in 1 m Höhe, unterhalb einer großen Verdickung, messe ich 4,72 m, in der üblichen Messhöhe von 130 cm sind es sogar 4,98 m. Damit liegt er in Deutschland, ja in ganz Europa unter den Top 5! Sogar der Ansatz zweier „Chi-Chis", wurzelartiger Auswüchse am Stamm, ist zu beobachten – was nur in höherem Alter vorkommt und bei uns also sehr selten ist.

An der Volksbank vorbei biegen wir in die Neckarstraße ein und gehen auf dieser geradewegs bis zur Fußgängerbrücke über die Ulmer Straße und die Bahnlinie. Am *Pliensauturm* blicken wir auf den träge dahinfließenden Neckar und gehen dann hinunter ins Parkgelände. Kurz vor der

1

3

4

5

Vogelsangbrücke begegnen wir einer mächtigen **Hybrid-Platane** *Platanus X hispanica* ❷, deren Stamm eine auffallend gelbe Färbung zeigt. Die typische Platanenborke ist immer mehr oder weniger stark gesprenkelt, da der Baum die dunkel gefärbten, alten Rindenstücke fortlaufend abwirft, während von innen neue, helle, meist gelbliche Rinde nachwächst.
Schon bald sind wir im Kernbereich des Merkelparks, wo uns ein steinerner Torbogen der alten Pliensaubrücke empfängt. In der Sichtachse umrahmt er mit seinem Halbkreis die große Krone einer **Blutbuche** *Fagus sylvativa ‚purpurea'* ❸, der wir als nächstes einen Besuch abstatten. Der prächtige, freistehende Baum wurde vermutlich um 1870 gepflanzt. Zu seinen besonderen Merkmalen zählen vor allem die vielen Narben und Verwachsungen, die am Stamm großartige Strukturen bilden.
Dazu gehören auch die vielen waagerechten Linien, die man als eine Art Setzungsfalten betrachten kann. Verursacht werden sie durch das extrem hohe Gewicht der 27 m durchmessenden Krone, das hier zu Stauchungen der Rindenschicht führt. Die Kronenäste des Naturdenkmals werden durch einige Stahlkabel gesichert. In anderer Wuchsform präsentiert sich eine weitere Abwandlung unserer Rotbuche – es ist eine **Hängebuche** *Fagus sylvatica f.pendula* ❹. Bei ihr hängen die Äste und Zweige des Kronenrandes tief bis zum Boden herab wie ein Vorhang. Im Inneren entsteht durch das einfallende Sonnenlicht eine ganz besondere Atmosphäre, am schönsten natürlich im Herbst, wenn das Blätterkleid in allen Grün-, Gelb- und Rottönen leuchtet. Die Wurzelanläufe streichen vom Stammfuß offen nach allen Seiten aus.

Der Merkelpark geht auf die ehemalige Schafwollspinnerei des Kommerzienrates ***Oskar Merkel*** *zurück. Unweit seines Fabrikgebäudes, am Pulverwasen zwischen Bahnlinie und Neckar, ließ er sich 1872/73 eine Villa samt englischem Landschaftspark errichten. Hundert Jahre später gelangte die Stadt Esslingen in den Besitz des schönen Anwesens, und 1982 entstand eine Parkanlage mit wertvollem Baumbestand.*

Zum Neckar hin beeindrucken weitere **Hybrid-Platanen** *Platanus X hispanica* ❺ am südlichen Weg, die beiden stärksten sind ebenfalls als Naturdenkmale ausgewiesen. Die lange Zeit wegen ihres dekorativen Blattwerks besonders im städtischen Bereich gern gepflanzte Baumart wird hierzulande seit 2003 von einer Pilz-Infektion heimgesucht – der sogenannten Massaria-Krankheit. Der Befall zeigt sich zunächst in einer rötlichen Rindenverfärbung, später bilden sich schwärzliche Beläge auf den Ästen, die in der Folge abbrechen. Diese frühzeitig abzunehmen, würde zumindest die Menge der Pilzsporen deutlich reduzieren.

Auf dem Südweg weitergehend erreichen wir bald das alte *Gärtnerhaus* des Merkelparks. In dem schönen Gebäude aus der Gründerzeit werden heute einige Räume für die Ausstellung diverser Kunstobjekte genutzt. Vor dem Westgiebel ist ein **Ginkgobaum** *Ginkgo biloba* ❻ bemerkenswert, der zwar erst die halbe Stärke seines Artgenossen an der Maillestraße erreicht hat, mit seinen einzigartigen Blättern aber immer ein prächtiger Anblick ist.

Wir gehen nicht ganz bis zum Südost-Ende des Parks, sondern drehen am kleinen See vor den Gebäuden des Esslinger Landratsamtes wieder um. Hier führt ein kleiner Weg direkt zu einer Bank unter dem weit ausladenden Blätterdach einer **Kaukasischen Flügelnuss** *Pterocarya fraxinifolia* ❼. Hinsichtlich der Baumart hätte man für diesen schönen Platz über dem See keine bessere Wahl treffen können. Die aus dem mittleren Osten stammende Flügelnuss liebt feuchte Standorte und bildet häufig mehrstämmige, breite Kronen aus, unter denen man sich beschützt fühlen kann. Ihre großen Fiederblätter enthalten einen Farbstoff, der bei allen Walnussgewächsen vorkommt. In Verbindung mit Sauerstoff entsteht daraus Joglon, eine Substanz, die die Keimfähigkeit anderer Pflanzen hemmt. Der Baum sorgt also über die abfallenden Blätter dafür, dass in seinem Kronenbereich keine Licht- oder Nährstoffkonkurrenten aufwachsen – ganz schön clever! Ihren Namen verdankt die Flügelnuss ihren halbkreisförmigen, geflügelten Nüsschen, die in den lang herabhängenden Fruchtständen („Elfenketten") wie an einer Spindel aufgeschnürt wirken.

Auf dem Nordweg zurück erreichen wir nach wenigen Minuten wieder die

7

Merkel'sche Villa. Vor der Südfassade, die mit zwei Magnolienbäumen geschmückt ist – ebenfalls Naturdenkmale – ragt ein mächtiger Baum empor, eine **Gemeine Esche** *Fraxinus excelsior* 8. Dieses Exemplar ist allerdings ungemein stark: 5,53 m misst der dicke Stamm, der sich in drei Hauptachsen aufteilt und bis in 30 m Höhe verzweigt. Der heimische Baum gehört zu den häufigsten Laubbaumarten Europas, und sein zähes, biegsames Holz ist seit langem für alles gefragt, was viel Belastung aushalten muss: Werkzeugstiele, Turngeräte, Radspeichen oder auch Fußböden. In einer Hinsicht erweist sich die Esche jedoch als wenig belastbar, wenn es nämlich um die Widerstandsfähigkeit gegenüber einem aus Asien eingeschleppten Pilz geht. Seit 2007 werden in Deutschland immer mehr Eschen mit den vom Wind herangeführten Sporen des Weißen Kelchbecherlings infiziert, der die meisten Bäume unweigerlich zum Absterben bringt. Deutlich über 90 % des Bestandes sind betroffen, und die Zahl der Bäume, die gefällt werden müssen, steigt stetig. Nur ein sehr kleiner Prozentsatz ist resistent, und so ist der Eschenriese im Merkelpark im Hinblick auf die Zukunftsaussichten der Baumart schon jetzt eine Rarität ersten Ranges. An der Westseite der Merkelvilla vorbeigehend werfen wir noch einen Blick auf zwei wenig auffallende Bäume, die jedoch

Naturdenkmale sind: ein **Bergahorn** und eine weitere **Rotbuche**. Nahe dieser verlassen wir den Merkelpark durch die Fußgänger-Unterführung, die beim Kindergarten wieder auf die nördliche Seite der Bahngleise führt. Dort wartet als Abschluss unseres Baumrundgangs noch einer der größten Bäume des ganzen Landes auf uns.

Dazu gehen wir von der Fabrikstraße nochmals ein kleines Stück zurück, hoch auf die Ulmer Straße. Auf einer sehr schmalen Verkehrsinsel erhebt sich die mächtige Kuppel einer **Hybrid-Platane** *Platanus X hispanica* 9. Die gewaltige Kronenbreite von 36 m resultiert aus der frühen Aufteilung des Stammsockels in fünf Achsen. Diese riesigen, bis in über 30 m Höhe hinaufreichenden Stämmlinge sind erstaunlicherweise nicht gesichert – und das direkt an einer viel befahrenen Straße! Dass der Baum die starken Stürme der jüngeren Vergangenheit offenbar ohne große Schäden überstanden hat, grenzt schon an ein Wunder. Nur an einer Stelle ist ein Baumpilz zu entdecken, ansonsten scheint der mindestens 150-jährige Baumriese in guter Verfassung zu sein. In arttypischer Weise blättert die Rindenstruktur des Stammes stark ab, sein Umfang von 6,12 m bringt die Esslinger Platane auf den vierten Platz in Baden-Württemberg.